"売れない"を
"売れる"に変える
ノウハウ

トラブル不動産SOS

株式会社EINZ代表 永長 淳 著

ロギカ書房

不動産の価値を決めるのは何か？

「不動産はモノ次第。」

立地さえ良ければ高く売れるのか？


「不動産も結局はヒト次第。」

営業力のある人に任せておけば高く売ってくれるのか？


答えは、どちらも正解ですが不正解です。

ちょっと意味が分からないですよね。少し説明させてください。

不動産は、立地が良くても建物が古いものや、建物が新しくても車が入っていけない立地のものなど様々です。例えば、所有する不動産が路線価日本一の東京都中央区銀座にあったとしても、未接道ならば金融機関から担保評価が得られません。

または、所有する不動産の売却を成績優秀な担当者に任せたとしても、その不動産が何かしらの課題を抱えていたらどうでしょう。借地権や底地などの場合、取引経験がなければ対応できず、売るに売れない事態を招きかねません。

ここで先ほどの、正解だけど不正解まで話を戻します。

不動産の価値は、モノによって評価され、ヒトによって高められる。

不動産は、モノやヒトだけでは決まらないということです。

立地は変えることができない不動産なものです。未接道ならば評価は激減しますが、解決策を知っているヒトの手にかかれば、接道義務が満たされ正常な評価を得られる不動産に変わるかもしれません。

不動産の価値は変えられるのです。

どうしてこのようなことを言っているかについては、少し私のことを書かせてください。

21世紀最初の年である2001年、新入社員として大手仲介会社へ入社してから、独立して現在に至るまで、多くの不動産取引に携わってきました。

勤めていた頃は、日々お客様のために売買仲介だけを行っていました。

「結婚を機に一戸建てを購入したい」

「買い替えに伴いマンションを売却したい」

一般的な自宅などの売買は、大手仲介会社と言うことから情報量や情報網が長けているため、やればやるほど結果を残すことができました。

しかし、長らく勤めていると稀に難解な案件に直面します。購入先を見つけられず、または解決策を提案できないこともありました。

それは遭遇した課題が仲介だけでは対応できないものだったからです。
・形状に難があるもの　………再建築不可、違反建築、既存不適格
・権利関係に難があるもの……借地権、底地、共有持分、私道のみ
これらは専門的な知識や専門とする方の協力が必要です。第三者である仲介会社の立場で交渉することにより良い結果が生まれることもありますが、当事者となって不動産を購入し直接課題と向き合わなくては解決できないこともあります。

そうして２０１２年、仲介業だけではなく不動産に対して包括的に対応するため独立しました。その後は自社で購入し直接対峙し解決してきました。

仲介会社、弁護士や税理士など士業の先生方よりご紹介いただき、複雑な案件を数多く手がけていると
「こういった案件はどのように解決しましたか」

「複数の課題を抱える不動産なんですが解決方法はありますか」

といった相談を受けることが多くなりました。

そこで、これまで取引きした案件の中から、難易度が高いものや複雑だった事案を集め、相談の経緯や解決方法をまとめることにしました。

私がどれだけ動いたところで、解決できる範囲には限りがあります。

そのため私が持つ知識やこれまでの経験を、こうして文字として提供することで、1件でも多くの課題が解決され、そして皆さんが所有する不動産の価値が少しでも向上することを切に願います。

令和2年3月

永長　淳

目次

第1章　土地

第2章　建物

第3章　区分

第4章　一棟

第6章　用語解説

第1章　土地

1、空地を相続。利用予定がなく、何もせずに手放したい。
（境界未確定・私道使用許可無・更地）
……………………東京都文京区

【物件概要】

所在：東京都文京区
種別：宅地（更地）
権利：所有権
概況：東京メトロ最寄り駅から徒歩5分圏内。現況は更地。土地20坪弱。前面道路は私道。突き当りの一つ手前に位置する。公道までの私道持分はなし。

【経緯】

相談者であるK氏（60代）は遠方にお住まいです。
本件不動産を相続により取得していたことを知っていましたが、長年放ったらかしにしていました。そのため現地は高く生い茂った雑草で埋め尽くされていて、電化製品や自転車などが不法投棄されていました。

このままでは事態が悪化する可能性があるので、面倒なことはせず手放すことができるか、できるのなら売却して換金したい、と相続登記を依頼している司法書士へ相談し、当社が紹介されます。

【課 題】

本件が抱える課題は3点です。

●境界の非明示
●私道の持分がない
●現況更地

まず境界の非明示を希望していること。

K氏は売却にあたって何もしないことを望んでいました。そのため、測量を行わず境界も明示しないことになります。

境界は確定するのに、土地に接する方々全員と立ち会い、境界標を確認のうえ書類を取り交わします。売主が現地に居住している場合、これまでの近所付き合いがありスムーズに進みやすいですが、遠方に住んでいた場合だと、過去の経緯を知らないことが多いため、質問事項にも答えられず、立ち会い自体も難しいことがあります。

また、測量を個人である売主が行うか、それとも購入者となる不動産業者などの第三者が主体となって行うかによって、相手が受ける印象が違います。

何もせずに売りたいという所有者の場合、測量をせずにそのまま売却することはできます。しかし都心部のような地価が高い地域においては、境界の位置が１㎝ずれるだけで数万円から数十万円異なります。相談を受ける立場としては、取得後に測量が成就しない可能性がある、という見えないリスクを負うことになるため、価格面で対応し購入することになります。

次に私道の持分がないこと。

私道に接する所有者で持ち合っているような場合、これまでの歴史、私情、金銭等により、良くも悪くもしがらみがあります。

測量は利害関係人だけなので、依頼する側は譲歩するなどして、多くは完了まで漕ぎつけられます。しかし公道までの私道部分の所有者全員から、通行とインフラの掘削を承諾する書類をもらうことは簡単なことではありません。

この通行掘削承諾書がないと、新築しようとしても工務店が建築を請け負わないことがあります。

最後に現況が更地であること。

通常更地であることはプラスの要素となります。老朽化が進んでいる家屋の場合、多くの購入者が建て替えを検討するため、建物の解体が前提となるからです。

しかし私道持分が無く通行掘削承諾書が得られない場合、再建築が困難になります。建物が建っていれば、新築同様まで大掛かりな改修により復元できますが、更地のままだと手の打ちようがありません。

【商品化への道】

当社は、K氏より本件土地を現況のまま購入しました。

この案件は測量、通行掘削承諾書を近隣から取得できるかどうかが鍵となります。それは、現況が更地なので通行掘削承諾書が得られない場合、

✓工務店が新築工事を請け負ってくれない

✓通行掘削承諾書の提出を求められる東京ガスの埋設ができない

✓住宅ローンが組みにくくなる

この3点の可能性があることが理由です。

しかし万一取得できない場合、

通行掘削承諾書取得対象地

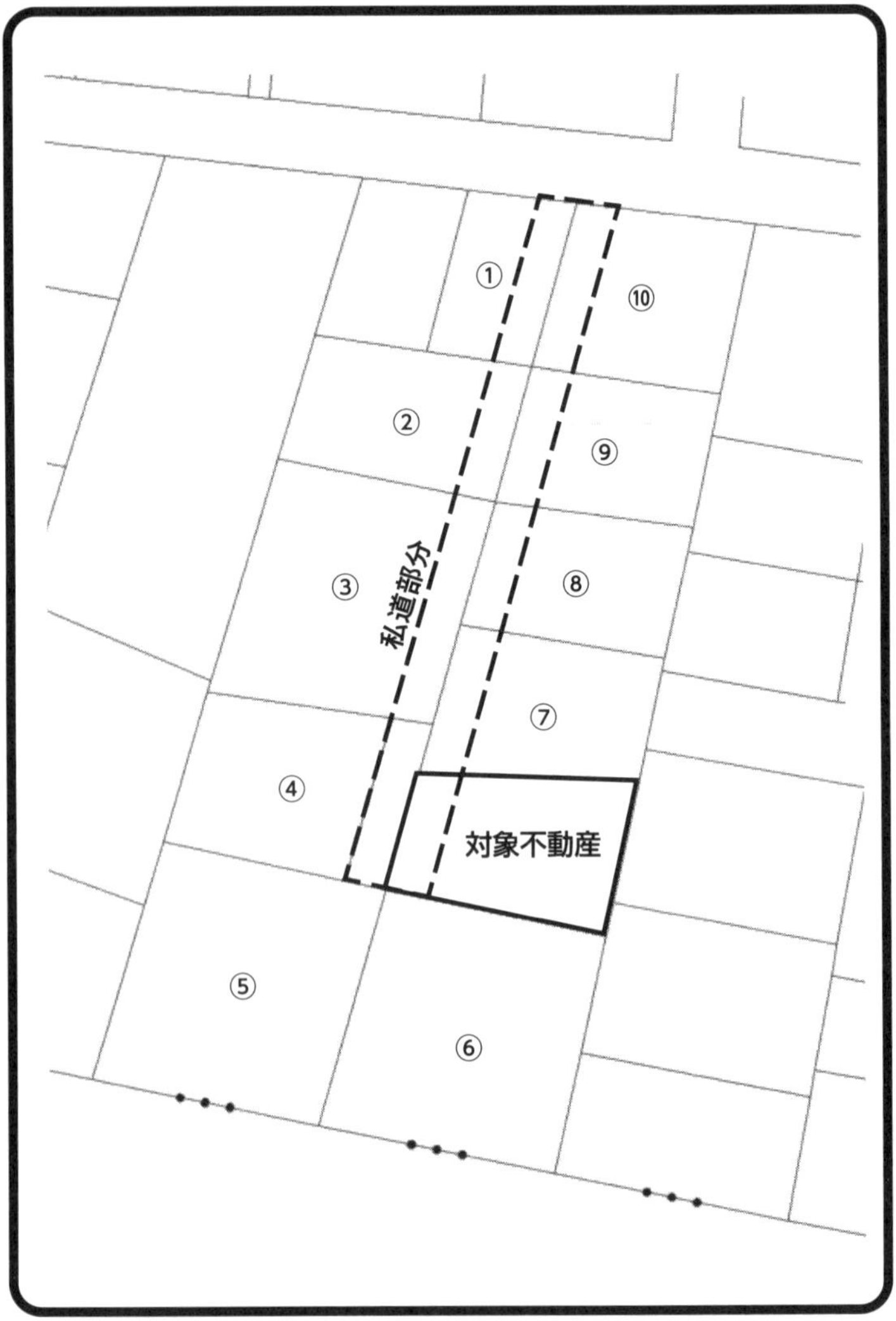

●工事車両は否認されても歩行自体は認められるため、工事費が割高となっても手作業で新築工事を行う

●ガスは諦めてオール電化住宅にする

という最悪の事態を想定しました。

住宅ローンについては、地域面から融資を借りず現金購入の需要が見込めると判断しました。ここから逆算し試算した購入価格にてK氏と折り合い、当社で事業化することを決意しました。

取得後、土地家屋調査士に同行をお願いし、測量及び通行掘削承諾書計10軒、全員のもとへ訪問し、現状と今後の計画を説明しました。

一度目の挨拶時には全員が親身な対応をしてくれます。しかし二度目以降、「建物を建てても良いし、道路を通っても良いが、書類に判子は押さない」と言われます。公道に接する私道入口側2軒を中心に口裏を合わせているようです。足繁く通い話を聞いていくうちに、その原因が分かりました。

前年に本件不動産の道路対面が新築工事を行った際、周辺住民の許可を得ずに工事を開始しました。工事中の養生は粗末で、勝手に井戸などを撤去し、工事後の修復や舗装の後処理も悪かったようです。

時間をかけて当社の意向を伝えましたが、直近の工事会社の対応の悪さを忘れられないようです。３名から書面への署名と押印を反対されたので、全員から取得することは断念しました。

●建てることに反対ではない、ということを私道所有者全員から口頭で確認
●建物が建ち上がるまで当社が全責任を負う

という条件に、その後販売活動を開始します。

【結 果】

何かしらの難がある物件は、抵抗や警戒されてしまうものです。本件は文京区という都心部で、潜在的な需要がある地域であることが幸いでした。

当社は周辺流通相場の約７割程度でＫ氏から購入しました。測量自体は完了しており、通行掘削承諾については、書面がなく口頭で了承を得ているという条件で、流通相場の約９割強という、やや割安感のある価格帯で売却できました。

【対 策】

取り引きを行ううえで当事者は少ないほど良く、一者であることが望ましいです。また、増えれば増えるだけトラブルの可能性が増します。

測量は、点や線で接する第三者と資産の境界を決める作業を行うので、トラブルは尽きません。主にトラブルの原因は土地が狭くなることなので、自身の土地が狭くなるような譲歩をすることによって解決できます。

その際、

✓極端に不整形な地型にならないか

✓法規制による敷地の最低限度に抵触しないか

などの注意は必要となります。

通行掘削承諾書は建築基準法外のことなので、法律面では書類がなくても新築することは可能です。また、仮に取り交わしていたとしても後日白紙にしたいと申し出られ、撤回をお願いするも立場が弱く押し切られてしまった、という話を聞いたことがあります。白紙にされる可能性があると取得自体に意味を見出しにくいですが、取得できなければ非常に大きなハードルとなります。

売却する側である場合、費用は先の持ち出しになりますが、時間を要する測量は前もって行い、境界を確定させておきましょう。

その際、前面が私道である場合は、私道の所有者を確認し測量と同時に通行掘削承諾書の取得に着手すべきです。

測量や土地の境界等に関して、当社はまず土地家屋調査士に相談しています。

2、自宅を相続。建物老朽化。利用予定がなく手放したい。（最低敷地面積・分割には1㎡足りない）

……………………東京都練馬区

【物件概要】

所在：東京都練馬区
種別：宅地（古家付き）
権利：所有権
概況：私鉄最寄り駅から徒歩10分圏内。１５０㎡弱。最低敷地面積75㎡。

【経　緯】

T氏は生家である両親が住み続けた自宅を相続しました。自身はすでに家を購入しているため、今後利用する予定がなく、建物の老朽化も進んでいるので手放すことにします。

不動産の取引を行う際に必要な測量などには可能な限り協力をするので、売却についての最適なアドバイスが欲しいとのことで、大手仲介会社へ相談があり、当社へ買い取りの依頼がありました。

練馬区内の住居地域は概ね敷地面積の最低限度の制限が定められています。これは指定建ぺい率により決定し、本件については指定建ぺい率が60％で、敷地面積の最低限度が75㎡です。

それではなぜ当社に相談があったか、という点についてです。

周辺は最低敷地面積の80㎡程度が、最も需要の見込める規模です。坪単価は200万円前後、新築等の一戸建ては6，000万円から7，000万円で流通しています。

しかし本件土地は登記簿上で149㎡です。149㎡ともなると規模が大きく、仮に同じ単価にすると9，000万円台になります。需要が見込めそうな価格帯まで抑えるならば6，000万円が上限と想定していました。

T氏が相続した空家について専門家に意見を聞くと、

- ✓**昭和56年5月31日以前に建築された（旧耐震基準）**
- ✓**区分所有建物登記**がされていない（**分譲マンションなどではない**）
- ✓**相続開始直前まで被相続人以外**が一**人で暮らしていた**
- ✓**相続時から譲渡時まで事業用、貸付用、居住用として利用していない**

などの「空き家に係る譲渡所得税の特別控除の特例」の適用を受けられる諸条件をクリアし

ています。このことも伝え、売却時の譲渡所得から3、000万円を特別に控除する方向で進めていきます。

【課　題】

登記簿上と実際の測量面積は、誤差があることが多々あります。

本件土地は現況測量によって150㎡を超える可能性がありました。しかしT氏が特例を受けられる期限が半年を切っており、本測量完了を待つ時間がありません。超える可能性はあるけれど、近隣の方と立ち会いし測量を完了するまでは150㎡をさらに下回る可能性もあります。本件はこの1㎡の違いによって、坪単価が200万円前後から140万円弱まで差が出てしまいます。

T氏にしてみると、売却価格が高くなる可能性があるならば挑戦したいが、時間が足りない。当社としては、可能性ありきで購入価格を高い方で設定するわけにはいきません。

【商品化への道】

当社はT氏から、測量及び解体が完了した後に引き渡す、という条件で本件土地を購入しました。

時間がない売主と、確定しなければ購入価格を高くできない当社の立場から、双方の折衷案を提案します。

●登記簿上の149㎡を前提に売買契約を締結する
●測量により150㎡を超えた場合は売買価格を変更する
●万一、測量が成就しない場合でも引き受ける

まず現況では150㎡に満たないので、当社の再販売価格が坪単価140万円弱の事業収支を基にした購入価格で売買契約を締結します。

売買契約締結後、売主の責任と負担において測量を開始し、近隣との立ち会いや狭あい協議によるセットバックなどを踏まえ、150㎡を超えることになった場合には、2宅地に分割し販売する前提で、坪単価200万円強の事業収支を基にした購入価格へ売買価格を変更する、という特約を付しました。

また、一定期間内に確定測量が完了しない場合においても、当社は引き受けるとし、契約解除によって、T氏が空き家の3、000万円特別控除を受けられない事態だけは避けられるよう対応しました。

本来ならば契約締結時点で二段階の価格設定がなされていることは異例です。しかしT氏の状況や意向を鑑み、当社としても問題ないと判断し、この条件にて引き受けることとします。

契約締結後、T氏の責任と負担において建物の解体にも着手します。T氏は「空き家の3，000万円特別控除」を受ける諸条件により、年内に解体が完了している必要があります。

解体の費用や責任を負ってもらえるのは有難いことですが、当社はこの解体に反対でした。なぜならば、年内に解体が終わり、1月1日付で更地となってしまうと、固定資産税が現在の約6倍程度まで跳ね上がる可能性があるからです。

毎年賦課されるこの固定資産税は、一般的な住宅用地の規模ならば、課税標準額が6分の1となる特例があり、これにより固定資産税が抑えられています。年末から解体に着手し年明け早々に完了が、時期としては最善です。

【結果】

近隣との立ち会いも無事完了し、区との協議によりセットバック部分も確定しました。確定した有効宅地面積は登記簿面積よりも小さい147㎡です。

これにより当社は規模の大きい、分割できない宅地として販売することが決定します。

残代金を支払い、無事に所有権移転申請を行って間もなく、隣地のS氏から連絡がありました。

「ブロック塀が弛んでいる。先日の解体が原因ではないか？」と言うのです。

当社は本件を取得した後には両隣地へ挨拶に伺い、150㎡を満たす分だけ何とか譲って欲しい、とお願いしようと考えていました。まさにＳ氏からのこの連絡は、接触する良いきっかけとなったのです。

解体を行ってくれた解体業者に同行をお願いし、速やかに現地へ伺い状況を確認します。大掛かりな解体により、隣地のＳ氏宅には少なからず影響がありました。しかし弛みは老朽化が原因であり、説明によりＳ氏も納得してくれた様子です。

話をする機会が得られたので、

●本件不動産は当社が取得しこれから販売活動を開始する予定

●測量により147㎡となり、敷地面積の最低限度の規制で分割できない

●当社の負担でＳ氏側の測量を行うので、3㎡譲って欲しい

と相談を持ち掛けます。今回のブロック塀への早急な対応がＳ氏の警戒を解いていて、前向きに検討してくれることとなりました。

まずは敷地内の立ち入りを許可してもらい測量を行い、現況測量図を作成します。それを基に3㎡分を分筆する案を提案します。

●建ぺい率、容積率に抵触しないか

隣地譲渡分割図

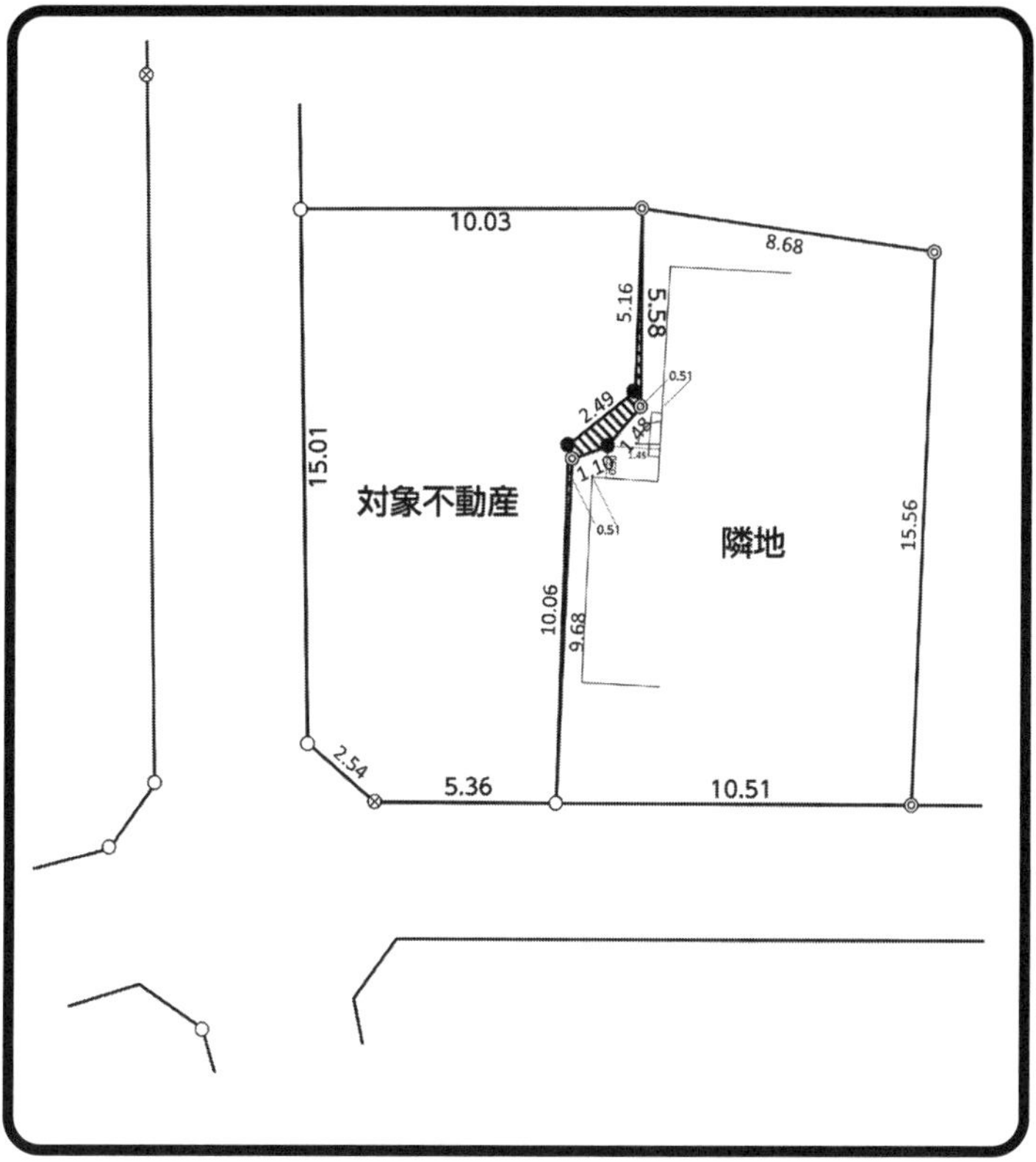
10.03
8.68
5.16
5.58
0.51
2.49
1.48
1.45
1.10
0.51
15.01
対象不動産
隣地
15.56
10.06
9.68
2.54
5.36
10.51

●民法234条の外壁と境界線の間隔が50㎝空いているか
●裏口の扉の開閉に影響が出ないか
●埋設された配管が越境しないか

などS氏の不動産に影響が出ないよう注意を払います。

三度の提案を終え、快く庭先部分を数㎝と薄く分筆し譲ってもらうことになりました。S氏の敷地内にあるブロック塀はS氏の負担で解体し、当社敷地内に当社の負担でブロック塀を新設することにしました。

かかる費用も加えると、購入する土地面積の坪単価は約600万円になりますが、本地売買契約で付した「150㎡を超えた場合の特約」の価格よりも、10%程度抑えた価格で取得することができました。

【対策】

今回T氏は期限の定めにより選択肢を狭めることとなりました。選択肢が少なくなることにより、買主側との間で駆け引きがあると、価格や条件面で引く立場となってしまいます。

不動産を相続すると、相続税や今回の空き家の3、000万円特別控除など、いつまでに行わなくてはいけないという期限が決まっています。不動産を売却するにあたって、期限があると強気の交渉に差し支えるため、高値の模索や好条件で取引するうえでは弊害となります。

当初より専門家に相談すれば、測量の着手や、隣地からの一部譲渡の相談など、前向きなアドバイスを受けられていた可能性があります。

また、後ろ向きの問い合わせについても、速やかな対応により前向きに進むことが往々にしてあります。今回はブロック塀の弛みに対する疑問について、速やかな行動と真摯な対応によりS氏の警戒は解け、結果的に当社の希望する結果へと結びつけることができました。

通常、後ろ向きの問い合わせは気乗りがしないうえ、どのように対応すれば良いかが分からないことが多いため、対応が後回しとなりがちです。これにより事態はさらに悪化します。

最初の対応だけは速やかに行い、その後は身近に相談できる方、協力してくれる方、専門家等の意見を聞きながら進めていきましょう。

3、自宅隣接空家。利用予定がないので売却したい。
（借地権・境内地）
……東京都港区

【物件概要】

所在：東京都港区
種別：宅地（古家付き）
権利：借地権
概況：東京メトロ最寄り駅から徒歩10分圏内。敷地30坪を超える角地。
築年月が不明の木造家屋。寺が土地所有者の普通賃借権。
擁壁があり道路面からの高低差は約３ｍ。

【経緯】

相談者であるS氏（50代）は以前よりこの港区の自宅に居住しています。

隣接には両親が住んでいた建物があり、亡くなられた後は利用予定もなく、老朽化が進んでいるため売却を検討します。借地権に関しては、直近の更新を父親が手続きしたようですが、S氏自身は土地所有者と近しい関係にありません。

借地権の譲渡に際しては土地所有者の許可が必要なことをS氏は理解していました。しかしどのように話せばよいか分からず、大手仲介会社へ問い合わせ、当社に買い取りを含めた借地権取引全般の協力依頼がありました。

【課 題】

本件は「借地権付き建物」の売却です。ただし、建物の老朽化が進んでおり、現存する家屋をそのまま利用して住み続けることは困難で、建て替えが前提となります。その際、譲渡も建て替えも土地所有者の許可を得なければいけません。

土地所有者は寺なので、借地権に関してこれまで何度も手続きをしていて、譲渡承諾料や建て替え承諾料について一定の基準があるものと想定しました。

借地権付き建物は、建物について所有権が登記されていることが第三者への対抗要件となります。本件のような建て替え前提の場合、現在の建物を解体し、新築されるまで、

✓ 所有権登記されている建物がない状態

が一定期間できてしまいます。

借地権は通常よりも手続きが複雑なうえ、このような建て替えの対応まで行うのは一個人では困難です。そのため、不動産業者が購入し、商品として販売することが最適であると考えました。

また、本件土地は道路面より3m近く高い宅盤をもった角地であり、建て替えの際には擁壁をやり直す必要があります。擁壁は工作物なので建築確認とともに区との協議が必要です。

本件は借地権なので、土地である宅盤自体は寺が所有しています。どのような擁壁を作り、どのように管理していくか、という点を土地所有者とも協議する必要があります。

【商品化への道】

当社は、S氏から相談を受けた本件について、擁壁等を専門とする建築会社と協業して購入しました。

本件を購入し商品化するためかかる費用を机上で試算すると、

- **建て替え承諾料…………約400万円**
- **新築費用………………約2、500万円**
- **擁壁費用………………約1、600万円**

●解体費用……………… 約450万円
●売却時譲渡承諾料……… 約750万円

と約5,700万円です。

さらにこれらの他にも、不動産を購入してから販売する過程で発生する諸経費が加算されます。建物については、土地所有者より制限や指摘を受けると価格が増減する可能性があります。

これらを加味し借地権付き新築戸建てとして販売し、売却できるだろう想定価格から逆算した購入価格は、所有権整形地と比較し20%前後でした。都内でも有数の一等地であるため、所有権ならば坪単価700万円や800万円するとも言われています。

しかし、その根拠となる事業収支や見積もりを持ってS氏へ説明したところ、理解が得られ売買契約が成立しました。

そして契約締結後、当社は土地所有者である寺へ連絡を取り、S氏の借地権を購入したい旨の打ち合わせの場を設けてもらうことになります。

【結 果】

後日、S氏同行のもと寺へ訪問しました。

打ち合わせの場にて、

●S氏が不要となった借地権を第三者に売却したい

●譲渡予定先は当社であり擁壁等を専門にする建築会社と協業している

●譲渡承諾料と、新築を予定しているので建て替え承諾料を知りたい

これらの説明と質問を行い、次回はS氏を除き、日を改めて質問の回答を受けることとなりました。

そして次の訪問時、その場には土地所有者が長年依頼している顧問先の不動産会社H社が同席します。譲渡自体はできることとなり、譲渡承諾料等の計算のもととなる算出式も知ることができました。書類や金額については、今後このH社を通して決定していくこととなります。

しかしこのことが手続きを長引かせる原因となります。

まず、当社にて一般的な譲渡承諾書等の書類と、算出式をもととした譲渡承諾料等を計算し、土地所有者の了解を得るようH社へ依頼します。これに対し、

●この内容ではお寺に持って行くわけにはいかない

●お寺は良いと言っているが当社が認めるわけにはいかない

といった返答がH社から繰り返され、なかなか最終決定をもらうことができません。

建物を解体し新築するため、参考プランも提出します。地域柄大きい車を所有したいとい

う需要があるだろうと想定し、建物基礎と一体型の一階ビルトインガレージ、木造2階建てを設計します。

これに対しては擁壁部分をくり抜いたガレージでは安全面に不安があるため認められない、と言うのです。参考プランにおいても役所と事前協議を進めていたうえ、建築確認を受ける前提であるにもかかわらず、安心できないとのことです。

そのため、ガレージ案は諦め、了承を得られるプランを検証し続けます。

最初の訪問から9か月が経過し、金額、書類、参考プランが認められ、無事にS氏から借地権の引き渡しが完了しました。

しかし本件についてはこれで終わりではなく、ここからが本題です。

参考プランを基にして建築確認申請を行う過程で、役所からプランの間取り変更を余儀なくされます。H社を通じて、寺から変更についての了解を得ようとしますが、速やかに回答が得られません。

時間がかかるのならばと、擁壁部分を建物と切り離して先に着手し、引き続き寺からの了承を待つこととします。

時世により工事数に比し工事会社が不足しており、手配してから着手まで時間がかかります。費用も値上げが続く中、3か月が経過しようやく工事が始まります。

まずは解体し隣接地の地盤が剥き出しになります。この両隣接地についても擁壁同様のもので地盤補強するよう役所から指示があり、またしても費用が上積みされます。擁壁が完了する頃に間取り変更の了解も得られ、そのままの流れで建物新築に着手します。

引き渡し完了から2年が経過し借地権付き新築戸建が竣工しました。当初S氏より相談を受けてから、実に3年以上が経過しました。

販売価格は想定より3～4割高く設定できました。その分路線価も上昇を続けており、承諾料等はこの路線価を基に算出されているため経費も上振れします。

費用は当初予定していたものと比べると、

●建て替え承諾料……約400万円（購入時に支払い済み）
●新築費用…………約4、600万円
●擁壁費用…………約1、700万円
●地盤改良費用………約220万円
●解体費用…………約450万円
●売却時譲渡承諾料…約880万円
●支払利息…………約660万円

約8、900万円超と、5割以上上昇しました。

【対 策】

借地権は借り物であるがゆえに、何をするにも土地所有者の了解を得る必要があります。基本的な書類等については定型があるかもしれません。しかし諸条件は応相談となる部分が多いので、提案の仕方によっては結果が異なります。

土地所有者と締結しておきたい書類として、

✓譲渡人及び譲受人への譲渡承諾書
✓譲受人が不動産業者の場合は、売却後の新譲受人への譲渡承諾書
✓私道使用に関する通行掘削承諾書
✓金融機関提出用の承諾書

などがあります。

広い借地面積を所有している土地所有者の場合は、前面道路も土地所有者が所有する私道であることが多いため、私道に関する承諾書が含まれます。また、譲受人や新譲受人が融資を利用する場合もあるので、事前に金融機関に対する書類等への協力を仰いでおく必要があります。

これらを踏まえると、借地権について困ったときは、取引を経験したことがある会社や担当者のもとへ相談やアドバイスを求めに行くべきです。

今回、スムーズにいった方だとはいえ、3年以上かかっています。最終的な解決までに、4年や5年かかる場合も多くあります。

4、相手共有持分を購入したい。（共有持分・仲介）

……………埼玉県さいたま市

【物件概要】

所在：埼玉県さいたま市
種別：宅地（更地）
権利：共有持分5分の4
概況：JR最寄り駅から徒歩20分。土地約100坪。駐車場として利用中。

【経緯】

相談者であるT氏（40代）は本件駐車場の隣接に居住しています。親族のK氏（60代）は遠方に住んでいます。相続時に共有比率が決まり、T氏は5分の1、K氏は5分の4取得しました。

K氏は多く持分を持っていますが遠方のため管理することが困難です。反面、T氏は隣接に住んでおり管理をしていますが、持分が少ないことに悩みます。

お互いにT氏が全体を所有すべきと考えていて、2年程前からT氏は買いたい、K氏は売っても良い、という意向を伝え合っていました。しかし遠距離なので上手く連絡を取り合うことができず、進め方が分からなかったため、K氏は弁護士に相談したところでした。

【課　題】

共有持分はそれ自体を単体で第三者へ譲渡することが可能です。しかし金融機関の担保評価が出ず、一般的に譲渡価格は持分比率に対して、半値かそれ以下になってしまいます。

T氏は周囲の意見から、この一般的な価格を目安に購入したいと考えていて、ここにK氏側が想定する価格と乖離がありました。

本件は持分の譲渡が第三者ではなく、二者で共有するその相手方です。これにより相手方は共有状態から解放され、1分の1の所有権になります。担保評価が出なかった共有持分から、すでに所有していた共有持分まで含めた、一つの所有権として融資が受けられる状態になります。

そうすると一般的な共有持分の譲渡価格ではなく、1分の1である所有権価格の持分比率で譲渡しなければ、低廉譲渡と捉えられ贈与の対象となってしまう可能性があります。

【解決までの道】

当社はT氏より直接相談を受け、一般的な共有における関係や解消方法をお話します。

✓共有持分は一般的に割安で譲渡されることが多い
✓共有する相手方に譲渡する場合は通常相場で取引されることが多い

これらについて、最初は納得のいかない様子でしたが、最後は理解されこの日は解散します。

翌日T氏より連絡があります。一晩かけて考えをまとめたようで、K氏側弁護士と連絡を取ろうとしているが、どのように話せば良いか分からないと言うのです。当社は客観的な立場から、まずは現時点での先方の意向を伺ってみてはどうだろうかと伝えます。

その3日後、再度T氏より連絡がありました。先方と連絡を取ってはみたが、弁護士からの質問や具体的な進め方が分からない。改めて全面的に協力して欲しいとのことです。

当社はT氏の代理人という立場にはなれませんし、まだT氏がどのような条件で購入できるか、K氏がどの程度で売却に応じるかが分かりません。無料サービスの一部として、一度だけ先方に連絡を取り状況を確認することにします。

翌日から区役所を含め調査を行い流通相場も把握します。T氏へ当社から電話がある旨を弁護士に伝えてもらい、当社から連絡します。

T氏は購入の意思があるがK氏は売却の意思があるかと問うと、売却しても良いとのこと。どの程度の価格を想定しているかと聞くと、遠方のため相場が分からないとのことです。

今回は共有持分を相手共有者への売却なので低廉譲渡を避けなくてはならないことを説明します。流通相場から想定していた目安を伝えたところ、その価格水準ならば具体的な話を伺い、進められる可能性があるとのことです。

そのため、K氏への説明材料として、まずは当社にて1分の1の所有権価格から、その持分割合の価格を査定することにします。でき上がり次第、一度T氏へ説明した後に、再度こちらより連絡するとして通話を終えました。

【結　果】

その後、早速査定書を作成します。

完了後にT氏へ査定報告したところ、当初考えていたものとは程遠い価格ではありましたが、理解したうえで、この価格ならば購入したいとのことです。

それを受け弁護士へ査定報告します。流通相場、物件特性、市場性、査定価格の妥当性、これらの説明とT氏がこの価格で購入を希望している旨を伝えます。弁護士は理解し、K氏へそのまま伝えてくれることになりました。

それほど時間をかけず弁護士より返答があり、査定価格で売却を進めて欲しいとのことです。ただし、このままスムーズに進めるため、当社が仲介会社として介入してほしいとの意向でした。当社が仲介し書類に捺印するには仲介手数料が発生することを説明したところ、それでも構わないとのことです。

その旨をT氏にも話したところ、それでも購入できるのならばお願いしたいとのことで、再度契約締結のため調査をし直し、契約書類作成を始めることになりました。

【対 策】

何の説明もなければ、買主はより安く、売主はより高く、と考えます。

本件については、

✓共有不動産は割安なもの

という先入観をT氏が持っていたことが始まりです。

専門家としての立場でその誤りを正し、正当な取引価格を提示することにより、買主及び売主、双方ともに理解したうえで売買を成立することができました。

不動産取引は個人間でも可能ですが、不動産会社が介入することにより書類等に不備がなくなるうえ、スムーズに進むこともあります。

5、遠方の未利用地。至急で換金したい。
（空地・郊外・駅から遠い）

……………………………………千葉県山武市

【物件概要】

所在：千葉県山武市
種別：宅地（更地）
権利：所有権
概況：ＪＲ最寄り駅まで約３㎞。約50坪弱の角地。
　空地のまま放置しており樹木が生い茂っている。

【経緯】

金融機関から任意売却で相談がありました。
都内在住の方が千葉県で所有している未使用資産があり、至急で資金化を望んでいる。そのため測量など所有者の負担や条件をなくし、現況のまま手放したい。御社で購入を検討できるだろうか、とのことです。

【課　題】

最寄り駅から歩ける距離ではなく、周辺に住宅はあるものの過疎化が進んでいて新規で居住するという需要は限りなく少ない地域です。

周辺は8宅に分譲されていて、そのうち本件含め4件が空地になっています。更地のまま放ったらかしにされていて、樹木が生い茂っています。

【商品化への道】

いくら東京都隣接の千葉県とはいえ、駅からの距離などを鑑みて、幾らで売却できるか分かりません。しかし金融機関からの紹介ということもあり、譲歩した条件で検討を進めることにします。

総額が抑えられるのならば、購入後時間をかけてゆっくり販売していこうと覚悟を決め、購入に踏み切ります。なるべく抑えた価格として1円での購入を希望しましたが、結果的には固定資産税評価額の約15％程度で購入することになります。

【結 果】

現在で取得後４年が経過しています。

購入後はすみやかに販売活動を開始します。まずは隣接地へ訪問し購入を検討できないか伺います。不動産はいくらで購入しても、登記費用や不動産取得税等の諸経費がかかります。そこまでして取得する利点がないとして断られてしまいます。

次に分譲した地元不動産業者へ打診します。やはり需要が見込めない地域のようで購入は難しいとの回答です。ただし顧客への紹介という形で協力する、ということで話を終えます。

当初は固定資産税評価額の２倍程度から販売していました。全く問い合わせがないまま１年を経過し、その半額の固定資産税評価同額程度へ価格変更します。それでもなお問い合わせがない状況が続きます。

ソーラーパネル業者や家庭菜園等の需要はないか、これくらいの価格帯まで抑えたら需要があるのではないか等、同業他社の意見を聞きつつ、さらに半額まで価格を見直し現在に至ります。

未だ具体的な問い合わせはありません。

【対 策】

２０１９年９月、台風15号が関東にも直撃します。山武市においても強風で家屋が倒壊するなど大きな被害がありました。幸い本件が台風の被害に遭ったり、本件が損害を与えたといった事態には陥りませんでした。

しかし不動産は所有しているだけでリスクを負うということを改めて実感しました。購入しようか、所有してみようか、と安易な考えで取引に応じてしまうと、その解決までに時間と労力を要することになります。専門家である当社ですら本件は安請け合いによるしわよせだったと言えます。

第2章　建物

1、空家を相続。利用予定がなく、売却についての相談。

（空家・前面道路で交通事故・地中埋設物）

……東京都江東区

【物件概要】

所在：東京都江東区
種別：店舗・居宅（空家）
権利：所有権
概況：私鉄最寄り駅から徒歩1分。土地25坪。建物約40坪。
築年数は経過しているが大規模修繕工事済み。

【経緯】

M氏（40代）は両親が住んでいた自宅を相続しました。
自宅は駅前なので商業性があります。しかし一戸建てとして利用しているため、建物の規模面で容積率を利用しきれていません。

子供たちがそれぞれ独立し両親も高齢になったため、5年前にバリアフリー含めた大規模な改修工事を施しています。築年数は経過していますが、外観もきれいに保たれていて、室内は新しい設備が導入されています。ハウスクリーニングや表面部分を交換するだけの簡単なリフォームで、すぐに居住できる状態でした。

しかしM氏はすでに家を所有しており、今後も利用予定がないため売却を検討します。

【課 題】

M氏が中古一戸建てとして売却しようとした矢先に問題が発生します。

歩行者が通行中の車両と本件建物との間に挟まれてしまいます。その後、病院に搬送されて亡くなるという、痛ましい交通事故が発生してしまったのです。

この件について、M氏は全く関与しておらず、遅れて知ることとなります。

不動産の取引を行うにあたって、買主には土地や建物についての重要事項のほか、設備に関すること、そして物件の状況報告を書類にて説明します。その中には、「それ」を知っていれば契約しなかったという内容の事件、事故なども含まれます。

これは心理的瑕疵と呼ばれ、売買、賃貸問わず、売主（貸主）は買主（借主）に告知する義務があります。

少し前までは、室内で自殺があった場合、直後の入居者には告知しますが、一度誰かが住み前々居住者のことになってしまうと伏せられていたりしました。そして知らないまま居住し、何かのきっかけで知ると、

✓そんなことを知っていたら買っていなかった（借りていなかった）
✓これほどのことを説明しないのは問題だ

といったトラブルが、窓口である仲介会社との間で起こっていました。

こうした事態が増え、心理的瑕疵についての取り扱いが厳しく定められました。仮に何年前であろうと、いくつ前の居住者の時のことであっても、告知するようになったのです。

事故が発生し困ったM氏は大手仲介会社へ相談し、課題を抱える不動産を買い取って欲しいと当社に依頼がありました。

【商品化への道】

当社はM氏から、測量が完了した後に引き渡すという条件で購入しました。

この案件は心理的な瑕疵がある一戸建てをどのように取り扱うかが課題です。

●5年前に大規模改修されていてそのまま居住できる状態

●事故を知ってもなお住んでも良いという需要は限られる

どちらで販売するかを悩んだ末、土地の規模は大きくないですが、駅前という立地から、建て替えを前提に事業用地としての購入者をターゲットにします。未消化の容積率を最大限に利用する需要を求めることにしました。

また、解体によって事故が起こった建物がなくなり、心理的瑕疵による影響も少なくなるので、商品化できると判断しました。解体費用の見積もりを取り、諸経費等を踏まえて算出した購入価格でM氏とは折り合いがつき、売買契約を締結します。

【結 果】

本件の本当の課題は心理的瑕疵ではありませんでした。それは解体中に発覚します。

✓地中埋設物

解体前には把握しにくく、新築当時の書類が保存されていないと想定しにくい存在です。

地中埋設物には幾つか種類があります。

✓昔の建物の残りである旧基礎

✓前の建物の処理が甘いことによるコンクリートガラ

✓井戸や浄化槽

そのうち、最も深くまで及んでいるのが「杭」です。

江東区を含めた城東地域は、河川が近く地盤が軟弱であることは有名です。そのため、建築時には地中数十メートルの支持層まで杭を打つことになります。この杭を4～5本で纏め、その上に基礎の土台となるフーチングというものを作り、このフーチングを四隅や、さらにその間に設けて建物を乗せます。

設計図書などの建物の資料がなければ、地上の家屋を見るだけでは分からず、解体中に発見することが多いです。この杭は、抜くのに1本あたり30万円からかかり、取引中に見つかるとトラブルの原因となります。

そして、まさに当社はこの問題に直面します。

当社は購入後、解体作業に着手しつつ、古家がある状態から土地として販売活動を開始します。立地の良さもあり、すぐに具体的な検討客Y氏が現われます。近隣に居住しており、事故についても知っているようです。駅前の立地という希少性を評価していて、解体完了後の更地渡しで契約を締結することになりました。

上物の解体が終わり、地肌が見え始め、間もなく完了と思われる頃、解体業者より連絡が入ります。フーチングがサイコロの目のように6か所あり、その下に手前4つには5本、奥2つは4本、計28本の杭が埋まっている、とのことです。

締結済みの契約内容は、買主が目的を達することができない場合、やむを得ず契約自体が

フーチングと杭

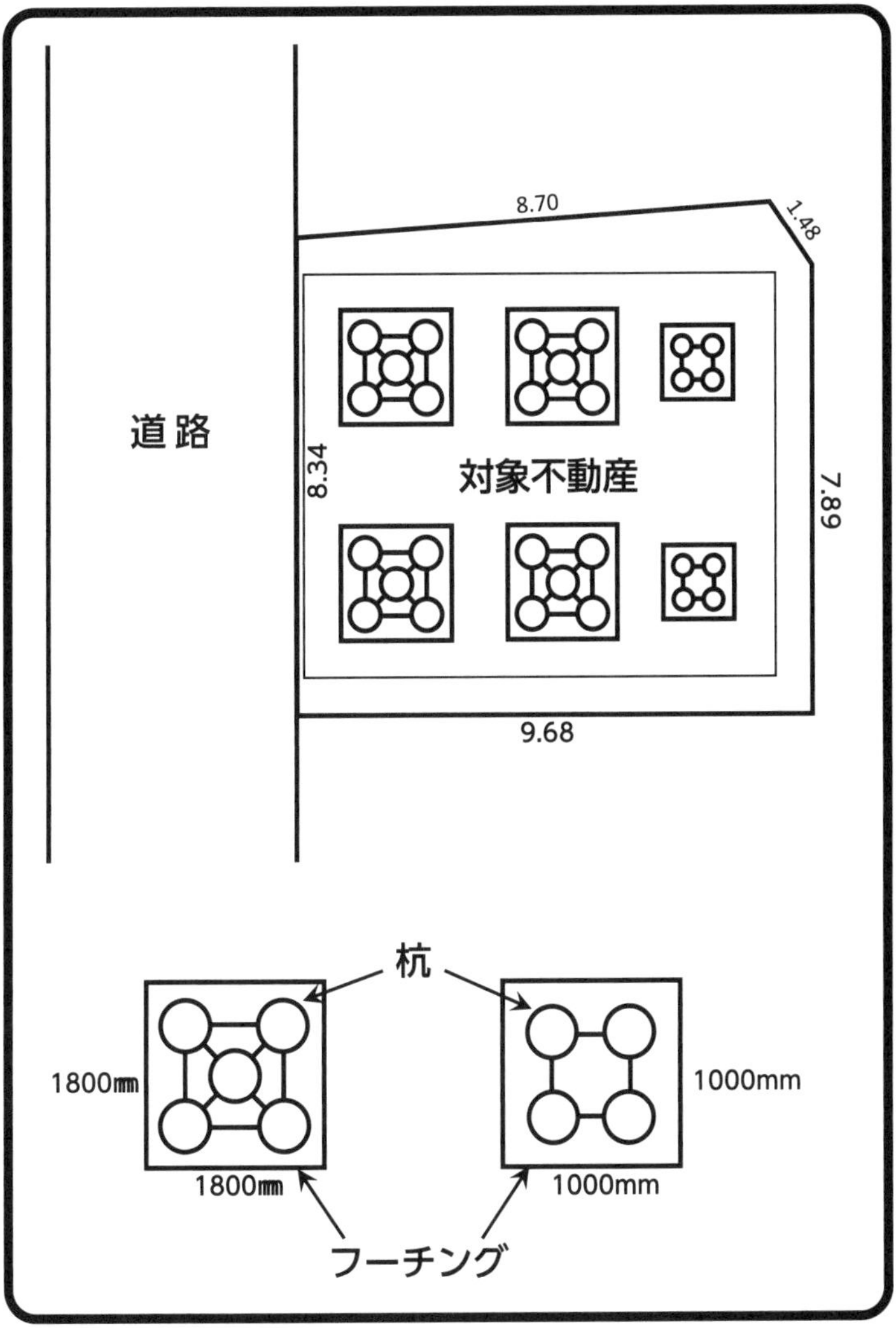

白紙となるようにしています。すぐに測量図面に図示してもらい、買主へ連絡し状況を説明します。

●杭が埋まっていること

●本数と想定する深さから、抜くことは現実的ではないこと

そして、物理的に、建築時、現在の埋まっている杭を避けて新しく杭を打てないかを、Y氏が相談している工務店に確認してもらうことにします。

その結果、

●欲しいという気持ちが強いこと

●工務店より建築可能と判断してもらえたこと

から、取引は継続となります。

しかし杭が存在しそのまま残ってしまうことと、新築工事にあたってはその杭を避ける必要があることなど、これらは契約後に発覚し契約時の説明とは異なるうえ、買主が負う負担となることから、売買価格減額によって対応することにしました。

【対　策】

今回は、心理的瑕疵のある一戸建てか、解体して土地か、どちらで販売するかの選択でした。

そして解体をすることで地中埋設物が発覚します。

✓地盤が軟弱な地域

✓建物等の資料がない時

✓現存家屋の新築時の状況を知らない場合

隠れている可能性がある地中埋設物に要注意です。

地中埋設物を撤去することになると、解体費用は数十万円から数百万円上がります。地中埋設物が存在する可能性があるならば、机上で見積もられた家屋の解体費用を頼りに購入せず、その解体費用分を売買価格に上乗せしてでも、売主の責任と負担で解体してもらう、などの対策を講じた方が良いでしょう。

2、一戸建てを複数人で相続。利用予定がなく手放したい。
（空家・老朽化・狭小地）

……東京都墨田区

【物件概要】

所在：東京墨田区
種別：居宅（空家）
権利：所有権
概況：東京メトロ最寄駅から徒歩5分圏内。土地約12坪。建物約14坪。

【経緯】

相続人のK氏（約60代）たちは、長年手つかずになっている一戸建てを所有しています。兄弟のほか、遠い親族を含めた計5名で相続していて、現在の関係は疎遠のようです。
今後利用予定もなく、このままさらに相続が発生し当事者が増える前に、換金したものを分け、自身の代で整理しておきたい、とのことから相談することに決めました。

当事者間で細かい調整をすることが困難なので、できる限り条件が少なく、諸経費がかからないように売却しようと考えます。

相続登記を依頼した司法書士へ相談したところ、当社へ買い取りの依頼がありました。

【課　題】

民法によって、建物壁面は隣地境界線から50㎝離さなければいけません。また建物の最小規格が２間（けん）間口、約３.６ｍと言われているので、約４.６ｍ以上の間口が必要になります。

本件土地は12坪、間口は約３ｍ強でした。現在は敷地いっぱいに建物が建っていて、新築時には同等規模の建物を建築することはできません。しかし建物の老朽化は進んでいるので、大規模改修するには１、０００万円を超える費用がかかりそうです。さらに、そこまで改修を施したあと販売活動を行ったとしても、購入者が住宅ローンを使える商品に仕上がるかどうか難しい状況です。

地積測量図

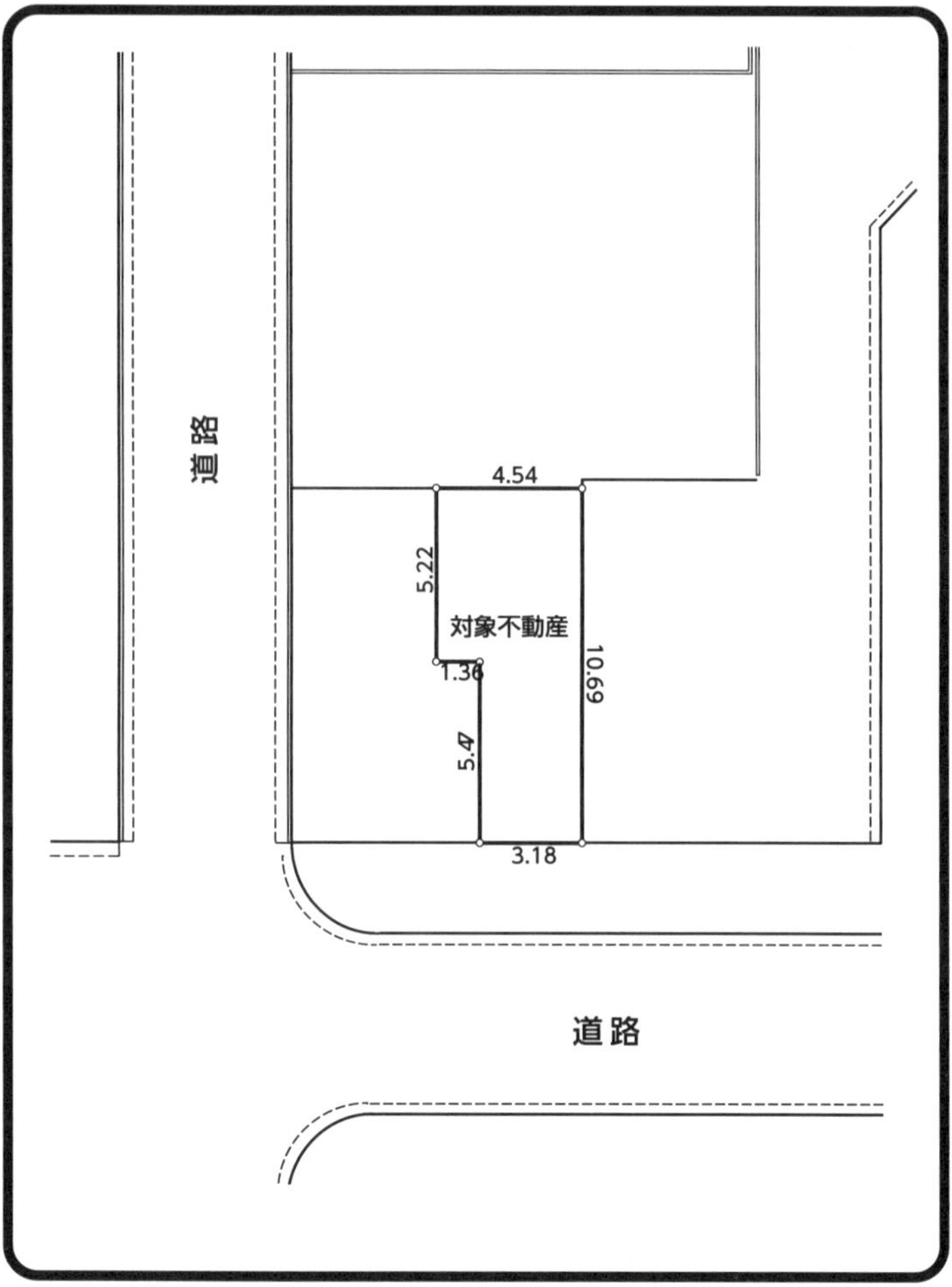
道路
4.54
5.22
対象不動産
1.36
10.69
5.47
3.18
道路

【商品化への道】

当社はK氏を代表として、本件中古一戸建てを現況のまま購入しました。

当社のような不動産業者が一般消費者に売却する場合、建物の隠れたる瑕疵について2年間の責任を負わなくてはいけません。本件建物を改修したうえで販売を行い、この瑕疵担保責任を負うにはあまりにも老朽化が進みすぎています。

建物を使わず、解体して新築するにあたっては、

●狭小かつ間口が狭い

●前面道路に歩道とガードレール、そして植栽がある

この2点が障害となります。

新築をするには約3mの間口だと一般的な規格が当てはまらず、設計や建築すべてにおいて特注となるため費用が割増しになります。

また解体や新築工事をする際、前面道路の歩道は封鎖して警備員などを配置します。ガードレールや植栽は撤去や移設しなければならず、通常の工事よりも時間と費用が追加となります。

しかし幸いにもスカイツリーや湾岸バブルにより、墨田区の地価や需要も高まってきていたため、本件についても限定的な需要があると判断し、当社で購入することとします。

Ｋ氏を含め相続人全員から、現況引渡しでの購入価格を提示したところ、価格や条件面が折り合いました。

引渡しを受けてすぐに解体と測量に着手できるように、契約締結後、土地家屋調査士と解体業者に連絡を入れて、日程を確保してもらいます。そうしたなか解体業者から、奥側隣接地の駐車場を利用できれば、解体費用が３割程度抑えることができる、との提案を受けました。

引渡しを受けた後、解体と測量を行う前に近隣へ挨拶に行きます。

奥側隣接地にも伺いますが留守が続きます。一度目の訪問時に手紙を投函しておいたため、その日の夕方奥側隣接地のＴ氏より連絡があります。両親が住んでいた戸建てを兄弟二人で相続しており、どちらも自宅を構えているため、定期的に訪問しているだけで、通常空家になっているようです。

当社からの便りには目を通していて、すでに内容は理解しています。測量は互いに関係することなので全面的に協力し、駐車場に関しても短期間ならば問題ないとのことで、工事期間賃貸してくれることになります。

ここでＴ氏が「うちも売ってるの知ってる？」と言うのです。

隣接地は50坪を超えるまとまった土地です。当社は購入時、相場や事例を把握するため、同所在はもちろん周辺の販売物件には一通り目を通していました。

それではなぜ知らなかったのか。

本件を含めT氏宅も住宅地に所在していますが、某大手仲介会社によって商業地くらいの坪単価で半年前から販売活動を始めていたのです。流通相場の約2倍程度の価格です。住宅地の坪単価からあまりにもかけ離れていて、幹線道路沿いなどの商業地と勘違いし見落としていました。

奥側隣接地は前面道路の幅員によって容積率に制限があります。本件不動産は幅員が広く制限を受けません。そのため、互いがプラスになるならば共同で一緒に販売活動を行うことも一つの方法として、時間をもらい検証することにします。

さらに詳しく話を聞くと、T氏が所有する土地には2棟の建物が建っており、そのうち1棟はアパートで4件の賃借人に賃貸中です。某大手仲介会社からは賃借人についても「このままで問題ない」と言われ、そのまま売却依頼していたようです。

土地で販売活動を行っているので、売却の契約を締結すると建物解体については互いに協議しますが、賃借人については売主の責任と負担で退去させる必要があります。その点について一切の説明がなかったようです。

当社と共同で売却することになっても賃借人退去は必須なので、T氏には一般的な商品化までの流れを説明することにします。

【結 果】

T氏から駐車場を借りることができたので解体費用は抑えられ、測量も全隣接地との立ち会いを完了し、無事に確定測量を終えました。

T氏との共同売却については、検証した結果、

●共同でも、単体でも互いにそれほど価格に影響はない

●当社は小振りなので、単体では一般消費者に売却しやすい

●T氏宅はアパート用地などで検討でき、それには当社部分が無駄になる

こういったことから各々個別で販売することにします。

それでも賃借人退去や販売方法については悩むことが多かったようで、T氏が無事に売却するまでのあいだ連絡を取り合いました。

当社は周辺流通相場の約6割程度でK氏らから購入します。解体し、測量を行い、参考プランを作成し、まずは高値の模索として販売活動を行い、多少の価格交渉があったものの、周辺流通相場の約1割増し程度で売却できました。

【対 策】

都内近郊においては地価が高いため、狭小地や狭小住宅への需要が高まっています。以前よりも住宅ローンの規定が緩和され、敷地面積や建物面積が小さくても借りられるようになりました。

一個人が更地の状態で現地を確認しても、建物についての想像が上手くいかず、なかなか成約へ結びつきません。そのため、当社では参考プランなどを用意し、イメージしやすいよう準備をします。

その点、本件の購入者は生まれ育ったところで馴染みがあったうえ、仕事が設計関連だったので、当社が作成した建物プランを参考に自身で設計していました。

また、解体や建築に弊害が出るほど狭小な場合は、隣接地からの協力が必要となるケースがあります。本件については解体時の駐車場一時借りでした。

仮に隣接地から約1.6m程度の幅で譲渡の協力が得られると、本件は2間間口の一般的な規格である建物が建築できる土地となります。特注ではなくなり建築費用も抑えられますので、土地の価値が上がります。

そのためには両隣接地どちらでも構いませんが、

✓ **分筆しても現在の建物の遵法性に問題が出ないか**
✓ **分筆するための測量費用の負担**
✓ **売買価格**

これらの負担や決定が必要になります。

3、空家を相続。利用予定がなく、何もせず手放したい。（法外通路・再建築不可）

……………………東京都世田谷区

【物件概要】

所在：東京都世田谷区
種別：居宅（空家）
権利：所有権
概況：私鉄最寄駅から約3㎞。バス利用の場合、乗車10分。
　バス停からは徒歩5分圏内。土地約40坪。建物約23坪。

【経緯】

相談者であるE氏（60代）そして兄弟のR氏（60代）は二人ともに独立し、自宅を所有しています。10年ほど前に父親が亡くなり、昨年母親も亡くなったため、現在は空家になっています。

E氏は大手仲介会社で何度か不動産取引をしていて、全面的に協力して欲しいと仲介会社より直接紹介されました。

【課　題】

E氏からは、

●老朽化した空家は不用心なので解体したい
●建物が建てられない土地だから解体もできない
●利用もしないのに固定資産税等の支出もあることから手放したい
●相続手続きすら未了の状態なので、諸々解決して欲しい

との相談でした。相手方もあることなので、どこまで解決できるかは分かりませんでしたが、当社ではでき得る限りのところまで協力することにします。

本件は2点大きな課題を抱えています。

✓相続登記
✓再建築不可

E氏とR氏は父親が亡くなったあと連絡を取り合うこともなく疎遠となっています。E氏はR氏の電話番号を知らず、過去の郵便物の住所だけが頼りです。

再建築不可については、接道義務を満たしていなかったことが理由です。

前面幅員は5ｍあり車も何不自由なく通行できます。しかし建築基準法上の道路として認定されておらず、道路ではなく通路という扱いのため再建築ができません。

【商品化への道】

当社はE氏、R氏から中古戸建てを現況のまま購入しました。

まずは前面通路を建築基準法上の道路へ変更するよう動き、変更ができなかった場合は現在の家屋を利用して中古一戸建てで販売する、という流れで事業化できると判断したのです。

E氏とは、相続登記が無事完了できた場合、再建築不可の中古戸建てとして大規模改修して再販売を行うことができる価格で当社が購入する、という約束で協力を始めました。

当社はE氏から教えてもらったR氏の自宅へ、事情を説明した便りを送ります。続けて二度目を送った後、R氏から連絡がありました。

直接会って話をしたい旨を伝えたところ、自宅でお会いすることとなります。

約束の日、自宅へ伺い現状の報告と説明を行います。疎遠となっていたことからR氏は相続していたことすら知りません。

相続に関する一般論や、本件を当社に売却しE氏が自身で支出している分を除いて折半したい、というE氏の意向を伝えます。2時間ほど打ち合わせた後、相続登記への協力とE氏の意向通りでの売却について了承してもらいました。

今後については、本日の内容をE氏へ報告し詳細をまとめた後、改めてこちらから連絡することとして退散します。

E氏にはR氏から大筋の了解を得られたと伝え、相続と売却に関する手続きを進めることにします。相続登記については当社で司法書士に協力を仰ぎます。

E氏、R氏ともに売却について日程などの段取りを組みます。当日までに用意して欲しい書類など、

✓ **運転免許証など顔写真つき身分証明書**

✓ **実印**

✓ **印鑑証明書**

を一覧にして伝えます。

本件は、売買契約を締結し、後日残代金を支払う、という一般的な流れを取らずに、一括決済にしました。

● **売買価格が高額ではないこと**

● **再建築不可により融資を利用できないこと**

位置指定道路図面

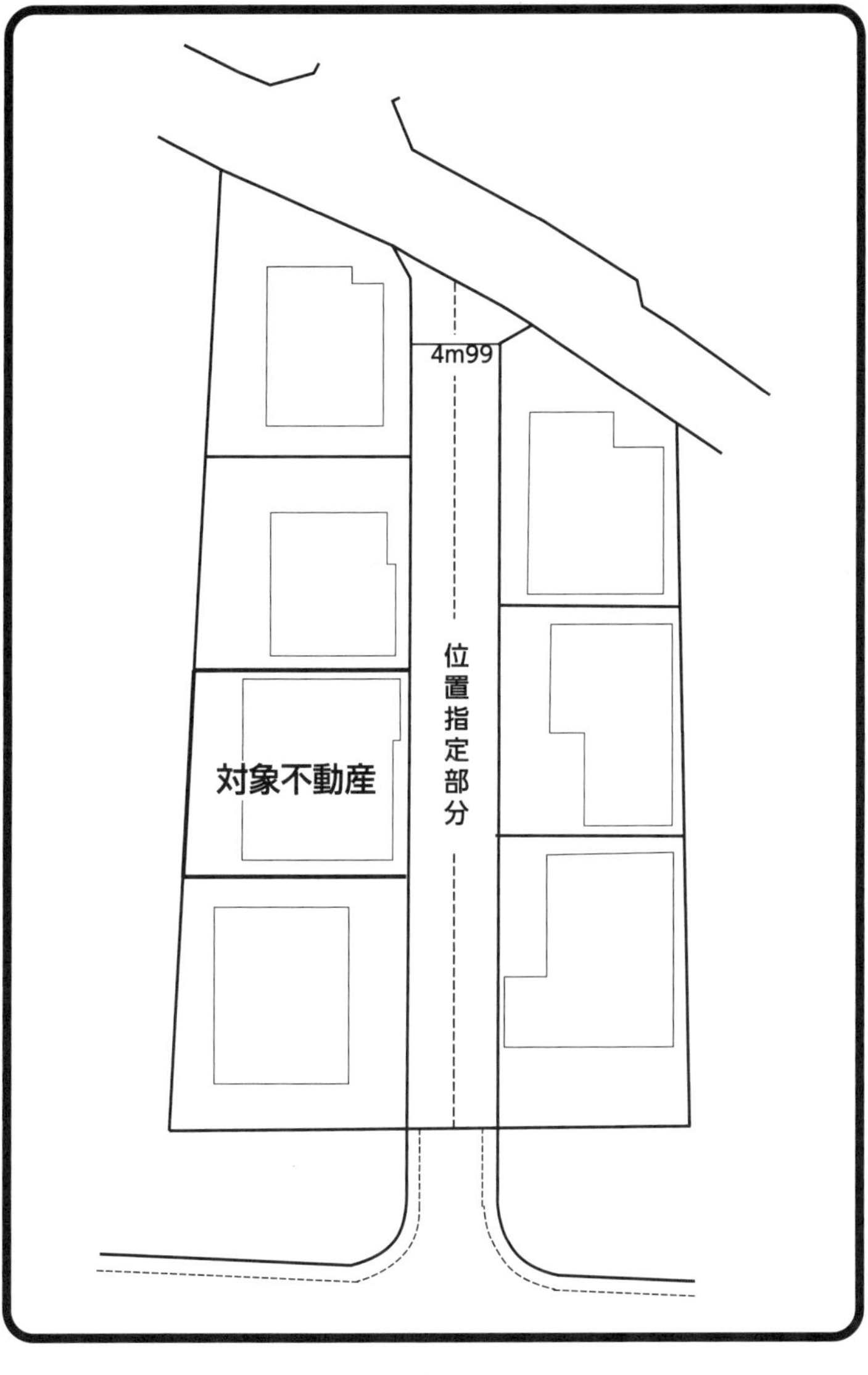

●同日の午前と午後のような日程を何度も組むことが難しいこと

これらが理由です。

取引日、両人の元へ順に伺い、契約書を取り交わし、それぞれに売買代金を支払います。司法書士にも同行をお願いしていたので、相続登記の手続きと併せて所有権移転登記の手続きも行います。

本件不動産の引渡し完了後、当社は土地家屋調査士に同行をお願いし、本件の前面通路に接する近隣全員のもとへ、挨拶と状況の確認を行うため伺いました。

そこで分かったことが、本件は過去に建築基準法上の道路にするために、役所と協議していました。しかし役所の見解や意向と住民の希望や負担とに乖離があり頓挫しました。

今回もそうでしたが、役所からは段階を踏むよう指示があります。

✓区道にできるか

✓位置指定道路にできるか

✓協定通路や但書で建築できるか

という順番で、まずは区道となるよう打ち合わせたようです。そのためには、本件前面通路の両端に位置する、区道との角を隅切りにする必要があります。角地の負担が出てきてしまうのです。

通路にしか接していない人は再建築できるようにしたいですが、角地の人はすでに道路に接しているので完全なる協力者の立場であるにもかかわらず、負担があるのはおかしいとして話が進みません。

今回このような経緯を踏まえて当社は、区道になって区に管理してもらわなくて構わない、通路に接している土地が建築できるようにしたいだけだ、として役所の理解を求めて手順を飛ばし、位置指定道路へ向けて動き出します。

この位置指定道路にするためにも、最終的には道路として申請する図面に当事者全員の、

✓実印押印

✓印鑑証明書添付

という高いハードルがあります。

過去の経緯から疑心暗鬼となっている近隣の方に対して時間をかけて、

●皆さんの負担は何もない

●負担がある時には当社が負う

と説明し続けます。

現在の通路の形状を変更することなく、通路に対して塀などの一部工作物が越境している点なども建て替えまで猶予してもらえました。役所と最後まで協議してくれた土地家屋調査士の交渉力により、現状のまま何の変更も誰の負担もなく、位置指定道路の申請を行うこととなりました。

その都度生じた誤解を何度も何度も解きながら、私道所有者、接道する土地所有者、建物所有者、これら全員に了承してもらい、申請図面に署名、押印をもらうことができました。

【結　果】

位置指定道路になったことで、当社が所有する戸建ても再建築ができるようになりました。防犯面からすみやかに解体に着手します。

当社は本件を再建築不可として、流通相場の約5～6割程度の価格で売却できる前提で購入しました。位置指定道路へ変更し、建築基準法上の道路に接することになったため、周辺流通相場での売却となりました。

【対　策】

本件は、当社のような知識を持ち合わせた不動産業者が指揮を取り、土地家屋調査士の全面的な協力があり、当社が測量費用を負担した事実があります。

しかし次の幸運が重なり「たまたま」上手くいった例にすぎません。

●当事者全員と連絡が取れた

●当事者全員からの了承を得られた
●形状を変更しなくて良かった
●面積減少等の負担が誰もなかった

そして何より近隣全員の資産価値向上という結果があってのものです。

当社が「自分だけ良けりゃいいや」と、自身の利益だけを追求していては纏まることはありませんでした。

全国から同様の事案で悩んでいる相談を受けます。まずは近隣全員で話す場を設けてみて、全員が同じ方向を向いているならば、早い段階で専門家の意見やアドバイスを取り入れるのが成功する秘訣です。

4、買い替えによる自宅売却。解除条件なく売却したい。（違法建築・私道持分無）

……………………東京都新宿区

【物件概要】

所在：東京都新宿区

種別：居宅（空家）

権利：所有権

概況：JR最寄り駅から徒歩10分圏内。土地約10坪強。建物約20坪弱。昭和50年代の木造3階建て。

【経緯】

相談者であるS氏（60代）とご子息A氏（40代）は本件不動産で同居しています。S氏の年齢のことを考え、現在の階段がある生活から、平坦で昇り降りの無いマンションへの買い替えを決断します。

生活環境を変えたくないので、買い替え先は自宅周辺で探していました。希望条件に適うものが見つかったので、購入の手続きを進め、契約締結に至ります。

本件の売却代金の一部を購入資金に充当する予定であるため、購入先を探し始めた当初から同じ大手仲介会社へ売却を依頼し販売活動を開始しています。しかし購入契約締結時においても、まだ具体的な買主は見つからないまま、資金化するための売却期限が決まってしまいます。

そのため、解除となる条件をつけず確実に換金できる不動産業者へ売却することを決断し、当社へ買い取りの依頼がありました。

【課 題】

本件は絡み合った2点の課題を抱えています。

●建物の建ぺい率、容積率超過

●前面私道の通行掘削承諾書の取得

まず、本件土地はセットバックにより公簿面積よりも有効宅地面積が減少し、建ぺい率が超過していました。また、建物は2階建てで建築した後、3階部分を増築し未登記のままです。この増築部分により容積率が超過しています。

これらにより本件は違法建築です。住宅ローン含めた金融機関の融資借入が困難なので、現金での購入者を探さなくてはいけません。そのため総額が大きくなると購入者が少なくなるので、価格を抑えて販売活動を行う必要が出てきます。

また、本件は通り抜けできる角地の一戸建てです。建築基準法上では、42条1項5号と42条2項なので建築するうえでは問題ありません。しかしどちらの道路も私道なので、私道所有者より通行掘削承諾書を取得しておく必要があります。

購入時に融資を利用する際、この通行掘削承諾書がなければ、担保不適格物件と見なされてしまい、住宅ローンを受けられなくなる可能性があります。

【商品化への道】

当社はS氏らより本件一戸建てを現況のまま購入しました。

解除条件があるとS氏らの買い替えにおいて、取引連鎖に影響が出る可能性があります。そのため通行掘削承諾書が取れるかどうか分からないが、目をつぶって買って欲しいという相談だったわけです。

この案件は、

●通行掘削承諾書が取れたら、解体を前提として「古家付き売地」で売却可能
●通行掘削承諾書が取れなければ、リフォーム後「中古戸建て」で売却

と、取得次第で販売方法も販売価格も大きく異なります。

当社は、通行掘削承諾書が取得できない前提で、固く見積もっても損失が出ない事業収支で試算し、購入価格を提案します。

それでもS氏らにとっては解除されないことがメリットと捉えて、価格や条件面で折り合いがつき、当社で取り組むことになりました。

取得後、当社は土地家屋調査士に同行をお願いし、私道所有者との接触を試みます。この時点では「二件あるんだからどちらかからは取れるだろう」と軽い気持ちで臨んでいたことは否めません。

まずは42条1項5号の方です。

初回訪問時は門前払いされます。こちら側の説明を遮るように「うちには関係ない」の一点張りで、何も伝えられず、お願いすることもできませんでした。

翌日、当社単独で改めて訪問してみます。最初の挨拶だけは聞いてもらえますが、説明を始めた途端に、やはり「うちには関係ない」と繰り返し、聞く耳を持ってくれません。

次に42条2項道路の方です。

測量を行っている流れで私道所有者を紹介してもらうことができました。メールでやり取りを始め、最終的には書面への協力を希望していることを伝えます。

通行掘削承諾書とは、

✓**通行（車両含む）**することの承諾
✓**ガス・上下水道管の掘削・埋設することの承諾**
✓**私道所有者が私道を第三者に売却しても承継すること**
✓**承諾される側が不動産を第三者に売却しても承継できること**

この4点が書かれていることが一般的です。

この私道においては、先代まで無償で通行掘削に協力し書面も提供していたようです。しかしこのままでは維持管理の負担ばかりなので、現在の代になってから費用を請求することにしたと言うのです。

当社としても疑問に思うことはありますが、通行掘削承諾書の取得が第一なので、どのようにすれば協力してくれるかを問います。承諾するのは構わないが、書類締結が必要と言い、その内容はまるで土地賃貸借契約かと思わせるようなものです。

●**期間20年**
●**通行は無償、期間の定めなし**
●**自動更新の文言は入れられない**

その他にも細かく条項が設けられ、取り交わすにあたっては承諾料が発生します。

詳細が判明したので、当社から購入する買主がこの書面を使って住宅ローンを利用できるか、各金融機関に尋ねます。どこも口を揃えて融資利用困難との回答がありました。

通行掘削承諾書が一般的な書式ではなく複雑な内容になると、一般的な私道ではないと捉えられてしまい、担保不適格とみなされてしまうようです。

これならば現時点で取得する利点がないため書類締結は一旦見送ります。

そしてもう一つの販売方法、リフォームして販売することに決めました。

【結果】

掘削の承諾を得られていないため、大がかりな水回りの工事を行うことができません。そのため、小割りになっていた間取りを修正し、フローリングや壁紙などのクロスを交換するなどの表面的な改修工事を行います。

工事などにかけた費用はそのまま販売価格へ上乗せすることになります。現金購入者がターゲットとなるので、使える設備はそのまま利用するなどして、できる限り販売価格を抑えるようにします。また、買主が住んだ後のイメージをしやすいよう、リビングなどには家具やインテリアを設置します。

本件は新宿区とは言っても、違法建築で住宅ローンが利用できないため、割安感のある価格で販売活動を開始します。周辺で最も需要がある一戸建ての価格帯に対する6割程度ですが、現金購入者の上限いっぱいです。

挑戦価格でしたが、開始早々から非常に多くの問い合わせがありました。しかしほとんどが融資利用希望者のもので、具体的な案件には至りません。

徐々に価格を下げていき、地域限定で探している買主へ売却しました。周辺一戸建て相場の約4割程度で、やはり金融機関からの住宅ローンは受けられず、ノンバンクを利用することになります。

当社はこの価格水準をもとにしていて、S氏らより相場の約3割程度で購入していました。

【対策】

通行掘削承諾書がない場合、

✓ **住宅ローンが利用できない**
✓ **東京ガスが掘削工事を行わない**
✓ **私道所有者とトラブルになりやすい**

などが課題となります。

そのため、通行掘削承諾書があるかないかで売却できる価格に大きな差が出てしまいます。前面道路が私道である場合には、まずは所有者自身が通行掘削承諾書を取得することを前提に取り組むことが望ましいです。

売主が取得していない場合、買主の立場としては、通行掘削承諾書がない状態での購入は望ましくありません。売主に協力してもらいながら、取得後の引き渡しを条件に契約の締結ができるよう交渉すべきでしょう。

5、空家を相続。残置物含め現況のまま引き取って欲しい。……東京都練馬区
（残置物・解体費用）

【物件概要】

所在：東京都練馬区
種別：居宅（空家）
権利：所有権
概況：土地約45坪。建物約25坪。

【経緯】

相続で取得したお子様からの相談です。

ご両親が亡くなり、住んでいた状態のまま、現在は空家になっています。家具や生活用品一式、衣類や金庫まであり、撤去することなく引き取って欲しい、との依頼でした。

売主と価格や条件面で折り合いがつき、当社で中古一戸建てとして購入することにします。取得後、このまま改修工事を行い売却するには建物の老朽化が進んでいたため、解体して土地として販売活動を行うことにします。

まずは過去に取引したことのある神奈川県の解体業者へ相談します。都内でも対応可能とのことで現地を見てもらい見積もりを依頼します。鍵を預けて室内も確認してもらい、翌日約２００万円の見積書が届きます。

解体に着手するまでに測量を行う必要があり、隣接地との立ち会いや書類の取り交わしが完了するまで約2か月を要します。

いざ解体を始められる状況になり、疎遠となっていた練馬区内の解体業者にも今一度見積もりを依頼することにします。そこで出てきた金額は約１７０万円です。取引が続いている業者の方が勝手が分かり融通も利くため、やりやすいのは確かです。しかしこの価格帯で約30万円の違いはあまりに大きく、練馬区の業者に解体してもらうことに決めました。

請負契約を締結し解体が始まります。

早速業者より連絡があります。

「建物内の残置物を撤去するならば別途費用を要します。」

見積もりの金額には、室内の残置物撤去が含まれていなかったのです。見積もり時には鍵も渡していて、当社としては残置物も併せて撤去してもらうつもりでしたが、意図が伝わっていませんでした。

【結　果】

その後、修正した解体及び残置物撤去の見積もりを改めて出してもらいます。その金額は約200万円。見事なまでに神奈川県の業者が出してくれた見積もりと同額でした。

同じ金額ということで、どちらの業者も信用できることが証明されたと同時に、見積もりをお願いする時の注意点を気付かせてくれました。

【対　策】

不動産の売買には密接な関係を持つものが幾つかあります。

✓**登記費用**
✓**測量費用**
✓**解体費用**
✓**リフォーム、改修費用**

これらについては、依頼先によって金額に差が出ることがあります。今ではインターネットで調べると簡単に業者を探せますし、安いところも見つけることができます。しかしただ安ければ良いというわけではありません。

しっかり費用を請求されると、その分しっかり仕事をしてくれる、その対価だと考え安心するようにしています。

しかし、むやみに割高な請求をされることもありますので、信用できる人から紹介してもらうことをお勧めします。

第3章　区分

1、小売店舗を相続。使い道がなく、何もせず売却したい。
（店舗・空室・借地権・旧耐震）
……………………東京都新宿区

【物件概要】

所在：東京都新宿区
種別：店舗（空室）
権利：借地権
概況：東京メトロ最寄り駅から徒歩10分圏内。専有面積約15坪弱。

【経緯】

M氏（40代）は両親が経営していた法人を相続し、現在は代表取締役になっています。諸手続きやリースなどの対応はおおむね終了していて、あとは法人が所有する小売店舗の不動産をどうするかという状況です。

自身は東京都下に住んでいて、小売店を営業再開する予定はありません。

【課　題】

本件は「借地権付き旧耐震区分所有店舗」の売却です。販売にあたり課題となる点が4点あります。

●借地権
●空き店舗
●区分所有
●旧耐震

まず借地権については、これまで同様に売る時も買う時もハードルが上がります。潜在的に根付いている土地神話によって、購入者は所有権ではない借地権に対して抵抗があります。

次に空き店舗についてです。規模が小さいものは、自己使用など実需に対する期待がありますす。しかし立地や周辺環境等に大きく影響を受けます。

賃貸する場合には賃借人が入るまでに、

✓残置物の撤去
✓原状回復

✓賃貸募集

✓賃貸借契約

という過程を順に進める必要がありまず。売主の立場として考え、実需と投資、どちらに向いているかを判断しなくてはいけません。

そして、区分所有とは文字通り一つの建物を区分してその一部を所有することです。そのため全体が所有できないことに対する不安を持たれる方がいます。そのような方々は端々まで自由が利くという点から、マンションよりは一戸建て、一室よりは一棟を好みます。

最後に旧耐震についてですが、昭和56年6月以前の建築確認を基に新築されたものは旧耐震基準と言われ、金融機関による担保評価が出にくくなっています。すでに築後40年前後経過していることも加えると、耐用年数の残存期間が無い、もしくは残りが少ない点から融資を受けることが非常に厳しくなります。

こうしたことからM氏は、現状のまま手離れ良く売却したいと大手仲介会社に相談し、当社に買い取りの依頼がありました。

【商品化への道】

当社は、M氏の法人より残置物がある現況のまま本件店舗を購入しました。

この案件は抱える課題からエリア外の需要は見込めず、購入者は地域を良く知る現金購入者とターゲットを絞ります。

賃貸する場合の収益還元法や、実需として利用する場合の周辺の賃料相場を調査し、どちらにおいても需要が見込めそうな価格帯を想定します。

これらを踏まえた売却想定価格から購入価格を逆算し、その価格でM氏と折り合い売買契約締結へと至ります。

購入にあたっては、

●引き渡しまでに土地所有者との賃貸借契約引き継ぎの手続き

●引き渡し後に原状回復工事

を行わなければなりません。

本件は都営住宅の1階店舗部分です。土地所有者は東京都なので条件などの交渉は不要でした。しかしすべての手続きが細かく定められていて、進めていくうえで非常に手間と時間を要しました。

申請から回答まで約一か月程度、その回答を受けてから引き渡し手続きを行います。

引き渡し後、室内の原状回復工事に取りかかります。ほぼ営業していたままの状況なので、残置物を撤去し、店舗でも事務所でも利用できるような状態まで表面的なリフォームを施します。

【結 果】

当社は、融資が難しい案件ということもあり、売却想定価格から諸経費を除いた約8割程度で購入しました。

売却は想定価格通りでした。地元の法人が収益不動産として購入し、現在は賃貸して保有しています。

【対 策】

課題は多ければ多いほど、売却価格は抑えられたものになります。本件は抱えている、そして解決しなくてはいけない課題が4点ありました。幸い新宿区という好立地から、収益不動産としての購入者と出会えたので成約に至りましたが、郊外や駅から遠い物件だとスムーズに取引できなかったかもしれません。

売却先として、実需と投資とどちらの可能性が高いか、どちらがどの程度の価格帯で売却できるかは、事前に調査を行うことで把握できます。

ちなみに、本件は売却してからの「その後」があります。

当社は不動産業者なので、今回のような一般法人へ売却すると隠れたる瑕疵について2年間の担保責任を負います。

✓雨漏り、漏水
✓シロアリ
✓躯体の腐食
✓給排水管の故障

建物についてはこれら4点、そして土地については旧建物基礎などの敷地内残存物があります。

売却後、突き出ている陸屋根部分から雨漏りがありました。

通常区分マンションの場合、屋上や外壁などは共用部分なので管理組合が対応してくれます。今回の都営住宅の場合、1階部分店舗は自己管理なので、自身で補修や改修を行う必要があります。

そのため、補修と防水工事を当社の負担で行い、約70万円費やしました。

2、小売店舗を閉店。何もせずに手放したい。（店舗・空室・借地権・旧耐震）

……………………東京都大田区

【物件概要】

所在：東京都大田区

種別：店舗・居宅（空室）

権利：借地権

概況：私鉄最寄り駅から徒歩10分圏内。専有面積約20坪弱。

【経緯】

T氏（60代）は長年クリーニング店を経営していました。このまま自身で仕事をし続けるには厳しい年齢になってきたことと、後継者がいないということから、閉店することを決断します。

クリーニングの窓口業務だけではなく、本件不動産内でクリーニング業務全般を行っていたので、店内は機材や配管でいっぱいになっていました。動産として売れるものはすでに売却していて、残っているものは年季の入っているものや、売るに売れないものです。

【課　題】

本件は前回に引き続き「借地権付き旧耐震区分所有店舗」の売却です。

Ｔ氏の代理人である弁護士から大手仲介会社へ問い合わせがありました。当社を紹介した大手仲介会社は、以前当社が同様の不動産を取り扱っていたことを知っていて、弁護士から問い合わせがあった当初から、当社にも相談がありました。

まず本件は前回と同様に次の4点の課題解決が前提にあります。

●借地権
●空店舗
●旧耐震
●区分所有

今回は販売にあたり課題となるものが追加で2点あります。

●店舗としての立地

●残置物

まず店舗としての立地です。

本件は旧耐震なのですでに築後40年を超えています。「集合住宅」として住居が密集していたことや、「商店街」として店舗が集まっていることで、建築後しばらくは集客できていました。

昨今は総合スーパーで生活必需品はおおむね購入できます。また、チェーン展開している店舗が薄利多売システムで商品やサービスを提供しているので、消費者はより安さを追求することができます。そのため個人で経営する店舗は逼迫するようになります。本件店舗も同様の立地であり、どういった業種が新たに入居し経営するかが想像しにくい状況です。

次に残置物です。一口に残置物と言ってもクリーニング店においては多種多様で、本件では次のようなものがあります。

●大型エアコン、扇風機

●ボイラー

●ダクト配管

●クリーニング液剤等

作業中、室内は高熱かつ高湿度となるため、エアコンや扇風機は大型のものを利用しています。また、業務用なのでボイラーやダクト配管は一般生活用とは比べ物にならない程大きいものを使っています。

【商品化への道】

当社は、T氏より残置物ありの現況引き渡しで購入しました。

本件も購入者は地域性を良く知る現金購入者と絞り、購入前に収益還元法や周辺賃料相場を調査します。

業種ごとに向き不向きがあることが分かり、どういった業種がどの程度の賃料となるかを調べます。

●飲食店、小売店には向いていない

●クリニック、教室、倉庫などは可能性がある

地域全般で高齢化が進み、高齢者向けのデイサービスや整体、クリニックなどは高めの賃料相場が見込めます。しかし需要自体はそれほど多くありません。

また、倉庫としての需要は多いですが賃料収入は低くなります。

最低賃料相場としての倉庫で運用した場合の収支から、投資家が購入できる想定価格で逆算し購入価格を検討します。この価格でT氏とは折り合いがつき売買契約を締結することになります。

購入にあたって前回同様、

●引き渡しまでに土地所有者との賃貸借契約引き継ぎの手続きを行います。

●引き渡し後に原状回復工事

本件も都営住宅の1階店舗部分なので、土地所有者の東京都とは交渉は不要です。申請手続きの回答後に引き渡し手続きを行いました。

引き渡しを受けた後、室内の改修に取りかかります。残置物撤去は産業廃棄物処分費用含め約100万円かかります。そして事務所として利用できるように原状回復工事を行います。事務所仕様なので浴室などの大がかりな水回りの交換がありません。しかし一旦スケルトン状態まで解体してから復旧工事に取りかかるため約100万円を要します。

【結果】

融資が難しい案件ということもあり、当社は、表利回り10％の売却想定価格から購入価格を算出します。

販売当初は高値を模索しながら活動していましたが、引き合いは弱く徐々に価格を変更します。

結果は想定していた価格通りでの売却となりました。地域に馴染みのある投資家が収益不動産として購入し、現在は賃貸して保有し続けています。

【対策】

今回抱える課題を踏まえると、売却する際の総額は抑えたものになります。それでも東京23区内という立地から、投資家が賃貸としての需要が見込めると判断し成約に至りました。

事前調査で、地域柄不動産を購入し実需として経営する需要は見込めないと考えます。そして、

●都内

●駅から10分圏内

●周辺は住宅街

ということから、最悪を想定した需要と賃料を把握していました。売却時には良し悪し含めて、どれだけ自身の不動産を理解できているかが重要になります。

ちなみに、本件も売却してからの「その後」があります。

当社が負う2年間の瑕疵担保期間中に、買主より設備の不具合があると連絡がありました。引き渡し後、賃貸を始め最初の賃借人が1年半で退去します。その退去時に「入居当時

から電気が一部つかなかった」との報告があった、と言うのです。

●引き渡し当初、電気がついていたか、ついていなかったか

●経年劣化ではなく瑕疵担保責任の範囲内か

この2点の判断が難しいところでした。

当社としては不具合なく引き渡しをしたつもりでいました。そして買主は収益不動産として購入し、そこで生活したわけでもなく、そのまま賃借人へ賃貸し運用しています。その後、退去時に報告があったので、言われたことをそのまま訴えているだけです。

買主に大きな過失があったわけでもなく、金額がそれほど大きくなかったことから、当社にて電気設備改修費用約10万円を全面的に負担することで解決しました。

3、引っ越しによる自宅売却。早急に売却したい。（リゾートマンション・維持費が高い）

……静岡県熱海市

【物件概要】
所在：静岡県熱海市
種別：居宅
権利：所有権
概況：JR最寄り駅から徒歩15分圏内。専有面積約30坪弱。

【経緯】

S氏（70代）は熱海市のマンションを購入し、十数年夫婦で住んでいます。ご主人が入院したため、奥様が一人で住むことになりました。

一人で住むには大きすぎること、同じマンション内に一回り小さい部屋をもう一室所有していること、これらから本件マンションを売却して、もう一室の方へ引っ越そうと考えました。

【課 題】

昭和50年代に新築された本件マンションは、

●源泉掛け流しの温泉大浴場

●アスレチックルーム、スポーツジム

●ゲストルーム、ゲスト駐車場

●プレイルーム・娯楽室

●集会室

などが完備された、いわゆるリゾートマンションです。

噴水を周回するように車寄せが設置され、管理人が在中するフロントを抜けると吹き抜けたロビーが広がっています。まるでホテルを思わせる仕様です。

これらを維持管理するために管理費や修繕積立金が徴収されています。周辺の相場では、専有面積の平米単価で400円~500円ですが、本件マンションは705円と40%以上も割高に設定されています。

リゾートマンションの現状は、需要が少なくなり、管理費等の維持管理費が割高であることから、売買価格を低く設定しても買手が見つからないものが出てきています。本件マンションも同様で、手放したくても手放せなくなりつつあり、なかには維持管理費を支払えず、未納や滞納が増加しているようです。

それならばと管理費等を相場程度まで抑えようと考えても、管理費等の変更に一定数の賛同が必要になります。過去にマンション内で同様の議題があがりました。しかし管理費等が下がると管理や維持の質も下がる可能性があるとして、反対の意見があったようです。

【商品化への道】

年末にS氏より直接当社に連絡があり、なるべく早く手放したいと相談を受けました。リゾートマンションの現状を知っていましたが、S氏の事情も鑑みて当社は現況のまま「1円」で引き取ることにします。

リゾートマンションは広い宅地に構えていたり、堅固建物で建築していたりするため、固定資産税評価額が高いものが多くあります。登録免許税、不動産取得税、固定資産税は固定資産税評価額を基に算出しているので、すべてが準じて高くなります。

●登記費用……………約30万円

当社が購入する際の諸経費として、

●不動産取得税………30万円弱

そして購入してからは毎月約7万円の管理費等がかかり、S氏が部屋に残していった残置物を撤去する費用として40万円弱の見積もりがあります。すでに100万円を上回る状況でスタートすることになりました。

そして、ここから本当の壁にぶつかります。

この案件は「買主を見つけられるか」が課題ですが、購入後に買主が少ないという状況を目の当たりにします。

都心部の不動産はどのようなものであっても安ければ必ず売れます。しかしリゾートマンションは所有するだけで高額な出費が続くため、安くても、買って所有し続けられる人が少なくなります。

まず同規模のマンションを借りる場合の賃料が、購入してからの維持管理費と同額程度なので、賃貸として運用するには向いていません。

そのため、

●熱海市でこのマンションに住む人が限定となる

●維持管理費を支払い続けられる人

●購入代金を借り入れせずに支払える人

この辺りが条件となります。

マンション内では管理費等の未納が発生し、滞納が続いている部屋大小合わせて3室を管理組合が取得しています。需要が少なく売れにくいと理解していて、近隣の仲介会社へすべて同額で販売活動を任せています。

また、部屋の位置によっても需要が異なります。このマンションの購入を検討する方は「部屋から海が見えるかどうか」という質問をされることが多いようです。本件マンションは一番奥まった高台寄りのため海が見えません。

こういったことが購入後に次々と分かっていったため、対応が後手となります。年末年始を挟んでいて、地元仲介業者への市場調査や管理会社への聞き取りを行いきれていなかったことが理由としてあります。

【結果】

仲介会社が受け取ることのできる仲介手数料は上限が決められていて、売買価格によって上下します。価格が大きいほど仲介手数料は高くなり、逆に価格が小ければ低くなります。

リゾートマンションは買い手が少ないため売買価格も抑えられ、取り扱う仲介会社も得られる仲介手数料が少なくなります。そのため流通しやすく価格がより高いものを取り扱うようになり、リゾートマンションの流通がますます少なくなっていきます。

こうした対策として2018年より、売買価格が400万円以下の場合、売主からは消費税別として最大18万円まで仲介手数料を受け取ることができるようになりました。

当社は地元仲介業者へ、幾らになっても18万円支払うとして協力を仰ぎ、同時に残置物の撤去の手配も進めます。

こうしたなか地元仲介会社より内覧希望がありました。残置物撤去の前日で室内が散らかっているので、数日遅らせられないか相談しますが、買主の調整がつかず、現状のままでも構わない、として内覧となりました。

当日、E氏（50代）ご夫婦を案内してもらいます。好感触のようでしたが、その場は一度解散します。しかし数時間後に話を進めたいと再度来店したようです。駅前で食事をしつつ、ご夫婦二人で打ち合わせをしていたのです。

散らかっているはずの家具や家財にも興味を持たれたようです。当社では選別して売却はせずに一斉処分を検討していましたが、もともとS氏が大切に使っていたものなのでそのまま利用できます。予定通り当社で2割程度は処分しましたが、残りの8割はそのまま残し、E氏ご夫婦にそのまま使ってもらうこととなりました。これにより当社の残置物撤去費用も抑えられます。

こうしてE氏へ周辺流通相場で売却することができました。

【対策】

当社は、売主として仲介手数料を支払う内容を記載して、東日本不動産流通機構（通称レインズ）という不動産業者間のオンラインネットワークへ掲載します。一個人が不動産仲介会社へ売却を依頼しても、このレインズに掲載可能です。

しかし具体的な買主がいる仲介会社が、掲載している会社へ問い合わせをして成約したとしても、買主側からしか仲介手数料を得ることができません。

また、買主を仲介する場合、宅建業法で仲介手数料の上限が定められています。

●200万円以下……………取引額の5%
●200万円を超え400万円以下…取引額の4%+2万円
●400万円超…………………取引額の3%+6万円

当社に問い合わせをして成約した場合、売主である当社からの仲介手数料が加わるため得られる総額が大きくなります。

仮に全く同額で同条件の不動産があり、片方は売主からも仲介手数料を得られ、もう片方は買主からしか仲介手数料が得られない場合、仲介会社がどちらで成約したいかと言えば前者です。

売りにくい不動産を売る時に、引き取ってくれるという不動産業者がいるならば、一度不動産業者へ譲渡し、この販売方法で売却すると買主が見つけられやすいかもしれません。

4、使用頻度が少ないセカンドハウスの売却。（リゾートマンション・維持費が高い・仲介）

……静岡県熱海市

【物件概要】

所在：静岡県熱海市
種別：居宅
権利：所有権
概況：ＪＲ最寄り駅から徒歩25分圏内。専有面積約20坪強。

【経緯】

T氏（60代）は2年前に、セカンドハウスとして知人から熱海市のマンションを購入しました。初年度は夏場に5回ほど利用しましたが、翌年は回数が減り3回となり、今年はまだ利用していません。年間の使用回数からホテルを利用する方が良いと考え、売却し換金することにしました。

【課　題】

バブル崩壊後、全国的にリゾート地の需要が減りました。熱海も同様でしたが、昨今インバウンドの影響から人気が戻りつつあります。

本件マンションは相模湾の前に位置していて、夏には目の前で熱海海上花火大会を見られます。マンション内には駐車場が完備され宿泊者用に貸し出しています。

本件マンションはT氏のようにセカンドハウスとして利用している人もいれば、環境や生活面、そして都心へのアクセスが良いことから自宅として住んでいる人も多く見られます。

フロント業務は日中だけですが管理員は常駐しており、マンション内では24時間入浴可能な温泉大浴場があります。これらを維持管理していく費用として、毎月管理費等が４万円強徴収され、専有面積の平米単価では６００円を越えています。

需要が見込める地域とマンションではありますが、月々の支出が大きい点が所有するうえでのハードルとなります。

そして昭和40年代に新築された本件マンションは、今まさに大規模修繕工事に着手しているところでした。

【解決への道】

当社はＴ氏より、購入価格や支払った諸経費を含めてマイナスにならないように売却したいとの依頼を受け販売に協力します。

Ｔ氏の自宅には地元の仲介会社から、限定的なお客様がいるので売却して欲しいといったダイレクトメールが定期的に多数届いていて、そこには具体的な希望価格も記載してあります。

熱海の人気が徐々に戻り始めているとはいえ、まだ相場が上向いているわけではないことや、マンション内や周辺の取引事例などから成約が見込める価格を説明します。また、具体的な希望価格をもつ購入者が実在するならば、一度そこに記載された価格で販売活動し反応を見てみよう、ということで販売価格を決定します。

セカンドハウスとして利用しているままなので、いざ販売活動を行う際には、

●残置物等の撤去
●ハウスクリーニング
●内覧時の鍵対応

これらを検討する必要があります。

Ｔ氏には、最後に夏の花火大会を見てから退去するとの意向がありました。

新たに住むことになる買主が自身でリフォームする可能性があるので、個人であるT氏が大がかりな改修を行う必要はないと提案します。

●リビングダイニング家具一式

●数人が泊まれる寝具一式

●その他生活用品多数

これらの撤去費用とハウスクリーニング、そして一部補修で約20万円強の見積もりを見せ、理解してもらったうえで、退去直後から着手できるよう手配します。

管理人が常駐しているので、挨拶と今後の販売計画を説明します。案内などの日程が決まったら連絡するので、仲介会社へ鍵を手渡すようお願いし、鍵一式を預けることにしました。

【結 果】

本件マンションの部屋タイプは、本件と同じ20坪強とその半分の10坪強の2種類あります。20坪強のタイプが売却に出ることは少ないようで、問い合わせや内覧希望が定期的にありました。しかし、いざ具体的に購入したいという話には至らないまま3か月が経過します。

T氏と今後の販売契約について打ち合わせをします。

●定期的に内覧がある

●価格を変更することが売却に直結するわけではない
●早期売却には2～3割変更する必要がある

これらを説明し、もう少し様子を見ることにします。

4か月目に内覧したお客様A氏（50代）から購入申し込みがありました。

価格面で交渉がありましたが、これまで価格を提示した具体的な話がなかったこと、このまま活動を続けてみても高値を模索できる確証がないことをT氏には説明し、了承をもらいます。

A氏は本件マンションの大規模修繕工事に携わっていて、マンションについては詳細に理解していました。そのため、価格交渉がまとまってからは契約、引き渡しまでスムーズに進み、無事に取引を完了しました。

結果、T氏は約1割強の値引き価格交渉を受けましたが、現在でもその成約価格からそれほど相場に変動はないようです。

【対策】

3か月間という媒介契約期間を一つの目安として、仲介会社はお客様に対し販売活動の提案を行います。当初は高値の模索で、流通相場の1割程度でも割高に販売価格を設定し活動を行うことがあります。しかし具体的な引き合いがない場合は、成約しやすい価格帯へと徐々に価格変更します。

具体的な購入申し込みになると、5％程度から値引き交渉があります。そのため5％以内で価格変更しても集客面では意味がないことが多く、10％前後から効果があります。

これだけインターネットが普及しているので、仲介会社もレインズだけではなく、ポータルサイトへの掲載により集客を図ることが一般的になっています。一般消費者は販売している物件の情報が簡単に入手でき、流通相場も把握しやすくなりました。

そのため、価格変更のタイミングや、徐々に価格を下げるということが、一般消費者にどのように捉えられるかを考える必要が出てきています。

✓**長く売れていないと、売る気がないと思われる**

✓**徐々に価格を下げると、まだ下がると思われる**

✓**大幅に価格を下げると、売り急いでいると思われる**

本件においては具体的な購入申し込みには至っていませんでしたが、3か月経過時点においても定期的に内覧希望がありました。

結果的にはタイミングよく具体的な案件となりましたが、実際はこの時点で、価格変更についてどう対応するかが重要だったと考えています。

T氏は売り急いでいなかったということもあり、もう少し様子を見るという判断が逆に高値の模索に結びついたわけです。

5、空室を相続。利用予定がなく、何もせず売却したい。
（マンション・旧耐震）

……………………東京都豊島区

【物件概要】

所在：東京都豊島区
種別：居宅（空家）
権利：所有権
概況：私鉄最寄り駅から徒歩5分圏内。専有面積約20坪強。

【経緯】

相談者のR氏（50代）は都内ですでに自宅を所有しています。豊島区内にある空室のマンションを相続しましたが、利用予定がないので売却して換金したいと考えます。
5年ほど前に約700万円かけて、一度スケルトン状態まで解体し改修工事を行いバリアフリーにしました。この工事が売却時にプラスに働くのか、実際はどの程度で売却できるのか、という不動産売買全般についての相談です。

リノベーション工事を行っていたため、バスやキッチンなどの水回り関連を含めて、室内はきれいに保たれており、ハウスクリーニングと一部表装を交換するだけで、すぐに居住できる状態です。

【課　題】

本件は中古マンションの売却で、課題がが3点あります。

●瑕疵担保責任
●旧耐震基準
●間取り

まず瑕疵担保責任ですが、当社が売主となり販売活動を行い、一般消費者へ売却した場合、2年間は瑕疵担保責任を負わなくてはいけません。5年前に大がかりな改修工事を行っていたものを引き継ぎそのまま販売すると、当社の改修費用は抑えられる可能性は高いですが、その改修工事部分についての不具合も当社で責任を負う必要があります。

目下のコストダウンを取るか、それとも見えない瑕疵担保責任のリスクを取るかの選択となります。

次に旧耐震基準です。本件マンションは昭和40年代に建築されているので、旧耐震基準のマンションです。最近では「旧耐震のマンションは住宅ローンが組めない」という話を良く耳にします。

住宅ローンは次の2点で審査を行い判断されます。

✓借入する人の返済能力

✓購入する物件の担保価値

不動産市場では常に新しいものが建築され供給し続けています。一部ヴィンテージものを除くと、新しいものは高く、古くなればなるほど安くなります。旧耐震基準の築後40年を超えるマンションは、その点では限りなく古く安い部類に該当します。

そのため、実際は借入する人の属性によって判断されることが多いのですが、審査の入口から却下され始めていました。

最後に間取りです。お一人でお住まいになっていたことから、間取りは1SLDKタイプです。リビングに洋室が一室隣接していて、可動式の間仕切りによって2SLDKへ変更することはできますが、実用的なものではありません。

【商品化への道】

不要なマンションとはいえ、R氏もできる限り高く換金したいとの意向があります。市場性と室内の状態を鑑み、高値を模索できる可能性がありました。

●R氏は5年前の改修工事がプラスになると考えていた

●当社は工務店同行のもと設備に不具合がなく利用可能であることを確認した

これらから、確実に売却できると想定した価格を損益分岐点とし、チャレンジ目標として上振れした部分が事業利益という、やや割高な価格でR氏より現況のままで買い取ることにしました。

【結果】

購入後から、マンション市場において潮目が変わり始め、同時期にマンション内で売却物件が立て続けに販売され始めます。

住宅ローンについては審査基準が厳しくなり、旧耐震のマンションに対しては都市銀行では1行しか融資しないという状況です。

同じマンション内の部屋を評価する時には、

✓ **階数**
✓ **バルコニーの向き**
✓ **広さ、間取り**

これらを点数化して算出することが一般的です。

マンション内の他の販売物件と比較しても、本件マンションは上階に位置していて売りやすいと考えます。まずは想定価格より2割程度高く販売価格を設定して活動を始めます。

しかし3か月が経過しても具体的な購入者が見つかりません。マンション内の他物件より先行して徐々に価格を下げますが、なかなか成約に結びつきません。

さらに半年が経過した頃、当初損益分岐点として確実と考えていた想定価格まで価格を変更することにします。結果、時間がかかりましたが、想定通りに購入希望者が現れ、売却となりました。

室内はリフォームしすぐに住める状態ですが、購入された方は再度スケルトン状態まで解体し、希望する間取りへとゼロから室内を作り直す予定です。広さに対する総額の割安感が購入する決め手であったようです。

【対策】

マンション内や周辺の競合物件、購入者の需要への対策です。

マンション内での販売予定は予想できません。しかし不動産業者によって再販売されるものは、その限りではありません。過去に売りに出していたものを不動産業者が購入し、リフォームしてから販売活動を行うので、マンション内に居住している方はいち早く把握できる可能性があります。リフォーム予定が掲示されたり、マンション内へ先行してチラシが投函されるからです。

購入者の需要については、例えば今回の部屋は2SLDKへ変更可能な1SLDKですが、周辺で最も多い需要は3LDK以上のファミリータイプです。3LDKへ間取り変更するように内装工事をすることも検討しましたが、約100万円の予算が必要でした。当社は、多数を選ぶか少数の可能性を選ぶかで悩み、支出を抑えて少数の可能性を選び販売活動を行いました。

問題はどちらを選ぶかではなく、その選択肢を知っているかどうかです。個人の方が自身の情報力だけで把握することは難しく、販売方法について専門家の意見を取り入れ決めていくことが望ましいと考えます。

第4章

一棟

1、アパートを相続。管理が困難なので売却したい。

（アパート・老朽化・駅から遠い）

……………神奈川県藤沢市

【物件概要】

所在：神奈川県藤沢市
種別：共同住宅
権利：所有権
概況：JR最寄り駅から徒歩30分圏内。土地約70坪強。建物約60坪強。6室中一部賃貸中。駐車場あり。海岸までは徒歩10分。

【経緯】

本件は大手仲介会社から買い取り依頼がありました。所有者であるN氏（50代）は千葉に住んでいて、現在住んでいる自宅購入は大手仲介会社にお願いしたもののようです。

10年ほど前に本件アパートを相続し、親の代から付き合いのある地元不動産会社に一括で管理を任せたままになっています。N氏は一度も現地を見たことがなく、本件アパートや周辺地理に関して馴染みがありません。現在も空室があり、管理をお願いしている会社で募集を続けています。

建物は老朽化が進み、毎月のように雨漏りや不具合などが出始めました。その度に、管理会社から連絡があり、直すものや直し方について選択や決断を迫られます。こうして所有していること自体に心労が出始めていました。

毎月の家賃収入は助かりますが、建物に関する大きなトラブルが起きる前に換金したいと考えます。

【課　題】

N氏は不動産の状況を全く把握していないので、何もせずに手放したいとの意向があります。

本件は売却にあたっては課題が2点あります。

●駅からの距離

●築古老朽化

まず駅から距離についてです。賃貸運営をするうえで駅からの距離は、徒歩10分が圏内、15分が限界と言われています。20分を超えると、賃借人が退去した後の再募集に時間がかかる可能性があるからです。空室状態が続くと、賃料を安くしたりするなどの対策をしたり、または他所で断られるなどした属性に課題を抱える賃借人を受け入れることになるかもしれません。

次に、築古老朽化についてです。

木造の場合、昭和に新築されたものはすでに耐用年数がなく、金融機関の評価が出にくくなります。

また、個人が所有するアパートなどは、建築後放ったらかしのままで定期的にメンテナンスされていないことが多く、雨漏りや漏水、腐食などの被害が出やすくなります。

本件建物も同様で大規模修繕含め、過去建物に関して修繕を行った経緯がありません。そのため、庇や外壁のひび割れ、外階段の腐食など、外観からでも改修が必要な箇所が幾つか見受けられます。

【商品化への道】

当社は本件アパートを、N氏から賃借人付きで現況のまま購入しました。

老朽化が進んだアパートを購入する場合、事業計画のゴールを建物復旧か建て替えか、どちらにするかを決めます。

N氏の意向は、何もせずに手放したいということと、事前に賃借人との接点を持たないで欲しいとのことです。

建物復旧には老朽化が進んでいることと、事前に賃借人の意向を聞けないことから、最悪は中長期で保有し対応していく決断をします。満室想定利回り14％程度の価格を提案し、N氏の了承を得られ売買契約締結となります。

引き渡し後、賃借人一件一件のもとへ訪問します。賃貸人が変更になった旨の挨拶と併せて、昭和51年に建築された建物の老朽化状況の説明、そして賃借人それぞれの今後に対する意向を聞きます。

仮にどれだけ建物が老朽化していようとも、退去をお願いする場合はオーナー側の都合になります。様々な理由付けや、足繁く通う誠意が必要となります。

●長期で保有する意向がある

●建物が老朽化している

●定期借家契約への移行について

●賃料減額や免除

●引っ越し先の紹介

●引っ越し費用の工面

などの説明と提案を行い、将来的に退去に協力してもらえるかどうかを尋ねます。

これに対し、協力する、反対ではない、との回答が得られた方には、仮に3か月後の引っ越しは可能かなど、具体的な期日の目途を探ります。そして、その期間は賃料を割り引いたり、または不要として、引っ越しに伴う費用は当社が一切負担するなど、条件を付して話をまとめます。

その間も賃借人とトラブルにならないよう、外壁や外階段の補修など、最低限の改修に対応しました。

【結　果】

引き渡し時は6室中5室入居していましたが、引き渡し直後に1室が退去します。4室のうち3室は半年かけて定期借家契約へ移行しました。

残りの1室は、退去について当初から反対していましたが、何度も訪問を重ね、他の方々全員から協力を得られたことや、退去することでデメリットがないような提案を行い、結果定期借家契約への移行に協力してもらえることとなりました。

全室定期借家契約への移行が済んだため、販売時は周辺の土地流通相場での売却ができました。

【対策】

老朽化の進んだ建物を貸している場合、どこかで建て替えを検討する時期がきます。

個人の方が所有している場合、

✓屋上や屋根の防水

✓外壁などの塗装

✓給排水管の洗浄、交換

などの中長期にわたる定期的な修繕を行っていないことが多く見られます。これらを行っていない場合、建物は見える部分も見えない部分も劣化が進み、雨漏りや漏水などの事故が起こりやすくなります。

建物の維持管理状態が悪いと、事故ばかりでなく賃借人も入りにくくなるため賃料を下げるなどの対応をする必要があり、結果、賃料収入が下がり建て替えを検討することになります。

建て替えをするには全賃借人の退去が絶対条件です。

しかし賃借人の退去は簡単なことではありません。自身で管理を行っている大家さんの退去交渉であっても、日頃から交流があるにもかかわらず、賃借人の生活を変えてしまう相談であるため、二つ返事では応じてくれません。

退去交渉は時間と費用を要します。

✓移転先の費用一切

✓移転するまでの賃料等の減額及び免除

通常、引っ越しするには同額程度の賃料に対して、

✓敷金

✓礼金

✓仲介手数料

✓前賃料

これら4か月から6か月を要します。移転先を見つけ引っ越すまで2か月から3か月はかかるものとすると、最低でも半年分の負担を想定しなくてはいけません。協力的な賃借人なら、さらに数か月分を上乗せすることで、早々に退去に応じてくれるかもしれません。

ただし、一件でも反対があれば、残りは空室で賃料収入がなく、建て替えもできないという最悪の状況が続きます。そのため、まずは全賃借人に意向を聞きながら、一件ずつ定期借家契約へと変更していきます。空室についても定期借家契約で入居してもらえれば、一般賃貸借より賃料は低いですが収入が途絶えることなく退去を進められます。

その他、賃借人にとって不利とならないよう、メリットになる提案がありますので、その都度専門家の意見を聞きつつ進められると良い結果につながります。

2、10年前に相続したアパート。管理が困難になり売却したい。（アパート・違法建築）

……………東京都中野区

【物件概要】

所在：東京都中野区

種別：共同住宅

権利：所有権

概況：私鉄最寄り駅2線2駅利用可。共に徒歩15分圏内。土地約15坪。建物約15坪。計4室満室稼働中。

【経緯】

F氏（60代）は本件アパートを相続により取得して間もなく10年になろうとしています。

どちらの最寄り駅からも徒歩で15分以上かかりますが、立地柄空室が続くようなことはなく、安定して賃料収入を得られています。

間もなく築30年を迎える本件建物は徐々に老朽化が進み、不具合や故障などの問い合わせが増え出したので、管理することが煩わしくなりました。

収益不動産は売却しやすいとの話を周囲からよく聞くようになったので、F氏は今のうちに手放して換金しておこうと考えます。本件の管理を依頼している仲介会社に相談したところ、当社に買い取りの依頼がありました。

【課題】

本件前面道路は建築基準法42条2項道路という、幅員が4ｍに満たない道路です。4ｍを確保するように道路から後退するため、有効宅地となる土地は登記簿よりも約6㎡少なくなります。

現在の建物を新築する際、集合住宅の建築確認申請をしました、その概要に記載された種別は重層長屋です。

重層長屋というのは廊下などの共用部がなく、すべての部屋が1階に玄関を設けています。2階の部屋は1階にある入口ドアを開けるとすぐに階段があり、内階段を上がって居室スペースにたどり着きます。

こうして土地いっぱいを利用できるように建築する予定でした。

しかしいざ建築する際には重層長屋ではなく共同住宅へ変更します。つまり外階段を設置し、2階の部屋は2階に玄関を設け、いらなくなった内階段をそのまま1階の居室スペースへと広げたのです。

申請した建物と違うものを建築していること、外階段がセットバック部分上にあることから、本件建物は違法建築です。そのため金融機関からの融資は利用できず、現金購入が必須となります。

【商品化への道】

当社はF氏より現況のまま賃借人付き、境界非明示を条件に購入しました。

現金での購入者が限定となる本件は、次の3点の課題に対してどのような対策を行うかが課題となります。

✓違法建築
✓測量による境界明示
✓老朽化部分の補修、改修

まず違法建築については、

敷地と道路の関係

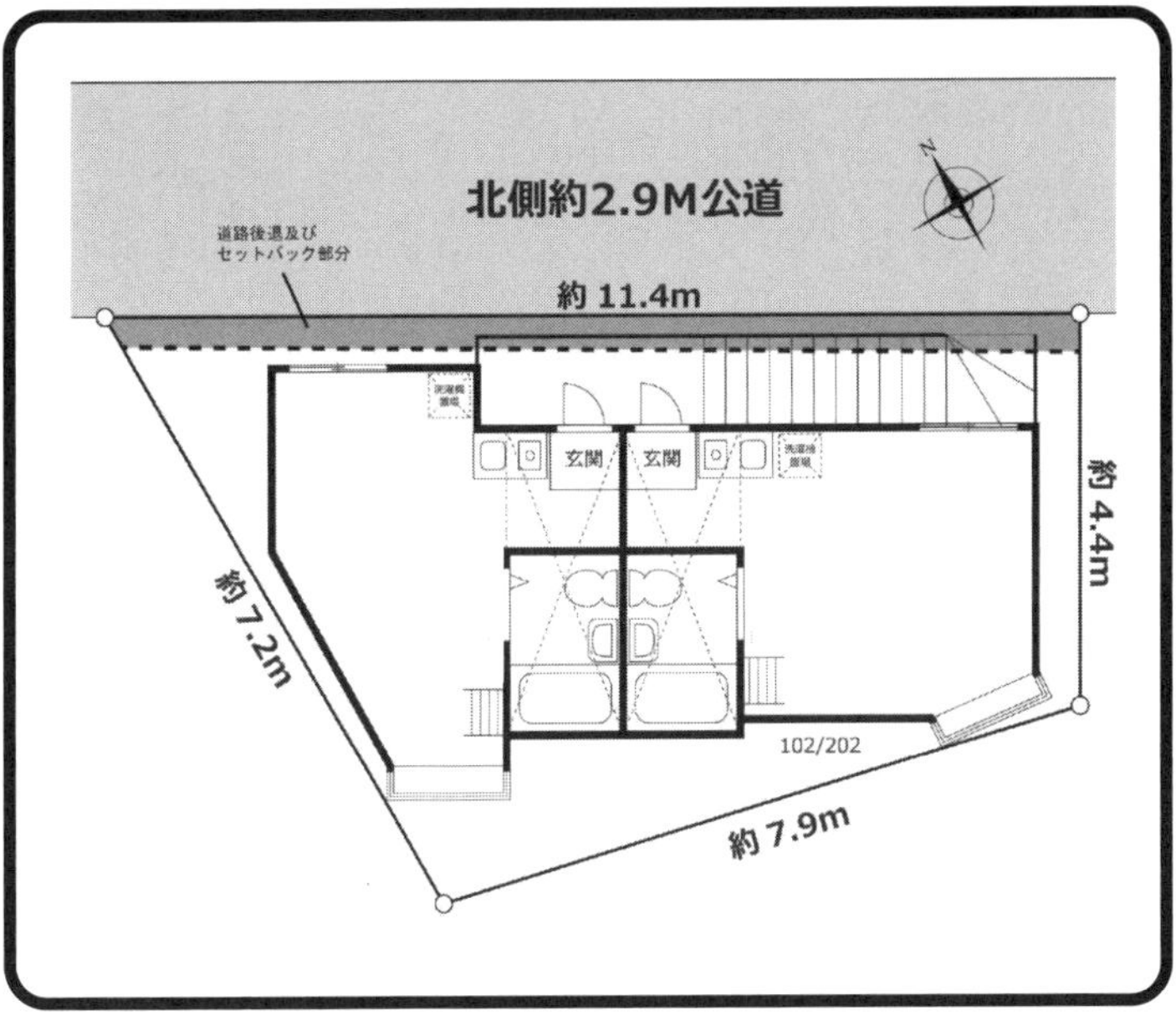

●**外階段を外す**

●**2階にある玄関ドアを埋める**

●**内階段を設ける**

●**1階に2階部分の玄関を設ける**

などにより、建築確認申請通りへと復元し解消できます。

しかし満室中である現状でこれらを行うことは困難なので、違法建築でも売れる収益利回りを想定し表面利回り10％とします。

次に境界明示については、周辺で平成11年に測量を行っている経緯があることと、宅地の規模から分割する予定がないため確定測量は必要なく、最悪は境界標の設置までは可能だろうと判断します。

最後に内外含めた老朽化の対策については、工務店に同行してもらい見積もりを取り、おおむねの費用を把握します。

これらを踏まえたうえで購入価格を算出しF氏へ提示します。売却後の売主の負担がないならばと理解が得られ、売買契約を締結しました。

引き渡しを受けてすぐに、測量と改修に着手します。

想定通り測量についてはトラブルもなく終え、改修についても見積もりを超えることなく無事に完了しました。

【結果】

販売活動を始めて、改めて違法建築に対する購入者の需要の少なさを痛感します。

収益不動産なので、最終的には利回りによる価格次第ではありますが、融資が受けられない不動産は金融資産としての価値が乏しいという見方から、値段ではないという声が一定数ありました。

挑戦価格で販売活動を始めますが、具体的な引き合いがなく3か月を経過します。当社としては販売活動を行っている間も賃料収入があるので、焦らず活動を行うことができます。

しかし3か月を超えてくると最終的な着地を想定して行動することになりますので、今回は徐々に価格を変更するのではなく、一気に2割程度減額し、当初予定していた表面利回り10％に近しい9％強へと価格を変更します。

これにより個人投資家からの引き合いは増え、結果、表面利回り9.4％で売却となりました。

【対策】

本件アパートの取り扱い後、

●地銀の不正融資
●賃貸アパート会社の施工不良
●フラット35の不正スキーム

こういった問題が立て続けに起こり、現在では木造アパートに対する一般消費者への審査は厳しくなりました。

✓遵法性
✓築年数
✓自己資金

これらをクリアした借入者と不動産でなければ融資が受けられません。

木造の場合は築後10年を過ぎてくると10年以上の借入ができなくなるうえ、売買価格の2割程度の自己資金が求められます。購入時には別途諸費用がかかりますので、さらに自己資金が必要になります。

すでに不動産を所有している場合は、遵法性が保たれている不動産を維持し続けること、違法性があるならば是正できる点は改修しておきましょう。遵法性の保たれていない不動産は即換金が困難であり時間がかかる可能性があります。

購入時には、具体的に購入を検討すると仲介会社から詳細資料が提供されます。それをもって金融機関に融資の審査申し込みを行うことによって、不動産に対する注意事項として金融機関から指摘を受けられることがあります。

3、10年前に相続したアパート。運用が困難になり売却したい。（アパート・老朽化・空室が多い）

……………千葉県千葉市

【物件概要】

所在：千葉県千葉市
種別：共同住宅
権利：所有権
概況：JR最寄り駅から徒歩10分圏内。土地60坪強。
　　建物も60坪を超える木造。総戸数10戸。築後25年経過。

【経緯】

相談者であるK氏（60代）は同じ千葉市内に居住しています。
約15年前にご主人が投資用として本件アパートを購入し、自身で管理を行っていました。

その5年後にご主人が逝去され、奥様であるK氏が相続し、ご主人が残した形見として大事に所有してきました。

管理や運用などはすべてご主人が行っていたこともあり、不動産に関して知識のないK氏は管理会社に任せっきりとなります。その後は、管理会社からも具体的な提案がないまま時が経過しました。

相続して10年が経ち、その間も最寄り駅により近いところでアパートがいくつも建築され、入居者は減り続け、現在は10室中3室しか貸せていません。共用部分の劣化や痛みも目立つようになり、このまま所有し続けることは困難と考えます。

夫の形見ということから、できればこのままアパートを使ってもらえる方に売却したい気持ちはあるものの、不動産を売却するにはどのようにすれば良いかも分からず、K氏は大手仲介会社へ相談しました。

そして建物を活かしたまま購入を検討できないか、という依頼が当社にありました。

【課　題】

本件は「空室が多い老朽化が進んだアパート」の売却です。

アパートは収益不動産として運用するために所有するのが一般的です。そのため空室が多い物件は、購入後に賃借人を募集する必要があるので買主の負担が増えます。また、本件に関しては、賃借人が決定してから原状回復を行おうとしていたため、空室は賃借人が退去したままの状態です。

本来ならば、賃借人退去後は速やかに原状回復を行い、内覧希望をされる方が室内を見る時にはきれいな状態にしておく方が成約には近いはずです。しかし本件においては管理会社の杜撰な対応と売主の無知により、このような状態が続いています。

【商品化への道】

当社は賃借人付き、空室は原状回復前の現状のままでK氏から購入します。

本件を商品とするためには、

●7室の原状回復と改修工事を行い、賃借人を埋めて満室稼働させる

●賃貸中の3室には退去に協力してもらい解体する

このどちらかを選択する必要があります。しかしK氏の意向としては、このアパートを活かして欲しいとのことでしたので、工務店に同行してもらい、一度全空室の室内を見ました。貸し出せる状態までの原状回復と共用部の改修工事を行うと、費用の見積もりは約600万円です。

築後25年経過した木造アパートを満室稼働させ、当時において投資家が確実に購入する想定表面利回りは10％弱でした。

ここから購入価格を算出しK氏へ提案したところ、このまま建物を利用してもらえるならばと了承が得られ、売買契約へと至りました。

【結果】

購入後、当社にて購入希望を登録している投資家に紹介します。すると早速収益不動産を保有する法人が興味を持ち、具体的に打ち合わせを進めます。

当社は、7室の原状回復工事と共用部の改修工事を行う予定でしたが、現状のまま購入して自ら工事関連を行いたいと言うのです。

価格や条件面がまとまったので、当社が工事を依頼していた工務店には謝罪してキャンセルしてもらい、現状のまま売却することとなりました。

結果、想定利回り9％から工事代金分を差し引いた価格で売却できました。

【対　策】

今回の案件は所有時の管理に問題があります。

●所有者は管理会社に任せていて不動産を理解していない

●管理会社は募集と家賃代行しかせず不動産の価値向上に協力していない

まず、所有者自身は保有する不動産について、最低限の理解をしている必要があります。何を理解すれば良いのか、どこから何を始めれば良いのかが分からず、相続後から手をかけずそのままの状態となっていたことが発端です。セカンドオピニオンとして他者の意見を聞くことも時として重要です。

次に、ご主人がお願いしていたところだからと、そのまま疑問を持たず同じ管理会社へ依頼し続けていました。

全室退去後に解体する予定ならば、原状回復をせずにそのまま放置しておくこともあるかもしれません。しかし結局は空室には手をかけず募集だけを続けて、現賃借人には何の接触もない状態だったので、退去させるわけでもなく空室だけが増えるばかりになっていました。

満室稼働か建て替えか、所有していくうえでゴールを見据えて運用していかないことには、立ち行かなくなります。

✓建物が古くなってきたら、賃料を下げてでもすぐ埋めるかどうか

✓改修で追加投資して賃料上昇もしくは賃料維持を狙うか、追加投資を抑えて賃料下落を受け入れるか

これらの決断と選択を行う必要があります。

追加投資については、かけた費用によってどれだけ賃料が上昇や維持され、どの程度の期間で回収できるかも検討するべきでしょう。

4、共有持分の売却。相手共有者には売却したくない。

（マンション・共有持分）

………千葉県習志野市

【物件概要】

所在：千葉県習志野市

種別：事務所・店舗・共同住宅

権利：共有持分2分の1

概況：JR最寄り駅から徒歩10分圏内。土地は100坪を超える角地。
昭和60年代の鉄筋コンクリート造。延べ床面積は300坪超。総戸数約20戸。

【経緯】

相談者であるS氏（70代）は、H氏（80代）と1棟のマンションを共有しています。持分比率はS氏50％、H氏50％です。

S氏とH氏、以前は隣同士でその関係は良好でした。昭和60年代に、当時住んでいた地域で土地区画整理事業があり、その換地処分を受ける際に共有で一宅地とし、共同で賃貸マンションを建築しようということになりました。

翌年にマンションが完成しました。それと同時にS氏とH氏はマンション管理のための法人を共同で設立し、マンションはこの法人を貸主とするサブリースにしました。

建築当初は、マンション内にS氏H氏、各々一室ずつ使用し住んでいたこともありますが、現在はそれぞれ別に家を持っており、マンションは全室賃貸にしています。また、マンションの管理人室を法人事務所として登記し、S氏とH氏がマンションを管理しています。

近年は、マンション建設当時とは様変わりし、近くに新しいマンションが複数できて、最新のマンション空間を提供しています。そのためかS氏H氏所有のマンションは築後約30年が経過し、空室が目立つようになっており、収入も減っています。何か空室の打開策はないかと話し合っても意見がまとまらず、有効策が見えていません。

収益が落ちていることに加え、S氏は、法人の経費に不透明なところがあるという不満が積もってきており、ここ数年、S氏とH氏の間は険悪な状況にあります。

そのようなことからS氏は、この共有マンションを手放し、不動産事業から解放されたいと考えています。

S氏の家は子供の代になっており、相続で揉めたくないということも売却したいという強い動機になっています。ただS氏は、H氏にだけは共有持分を売却したくないという強い意向があります。

S氏からこのような相談を受けた大手仲介会社から、全面的に協力して欲しいと当社に依頼がありました。

【課　題】

本件は「共有持分の売却」です。不動産の権利状態の中で最も厄介で解決に困難が伴います。共有持分を売却するときの困難な理由として、その特性を以下に挙げてみます。

✓共有持分は持分比率により、できることと、できないことが決まること

持分が過半数に及ばない場合は、不動産全体に対してできることは何もありません。何をするにも他の共有者の意見を聞く必要が生じます。

✓共有持分は金融機関からの借入が難しく現金購入が前提となるうえ、換金性が弱いこと

どんなに持分比率が高くても金融機関の担保評価が出ません。都市銀行をはじめ地方銀行や信用金庫など、どこからも融資が受けられないのです。かろうじて高金利であるノンバンク系金融機関から借り入れることができる程度です。共有持分だけでは不動産全体に対する影響力が弱いことが原因です。

そもそも不動産自体の価格が高額であるため、不動産を購入するときは自己資金だけでは購入できず、借入が前提となるうえ、購入物件価格以外に諸費用を要します。仮に物件価格全額の借入ができたとしても、諸費用は自己資金で賄うことになります。いずれにせよ、借入だけで不動産を購入することはほぼあり得ません。

✓共有持分の総額が高ければ高いほど、必要となる資金が多くなるため、購入希望者が限定されること

その分、利回りが高くなければ購入者は見つかりにくくなります。物件全体の想定売却価格に対し、持分比率の半値もしくはそれ以下となってしまうことさえあります。

収益不動産の購入に際しては、自己資金の回収率に注目します。これにより共有持分を利回り商品として検討することが可能です。収入に対してどの程度の利回りであるかが判断材料になります。利回りが20％ならば回収に5年。30％を超えたら約3年となります。

収益を生まない、もしくは生みにくい一戸建ての場合、収益還元法による試算が成り立たず、所有することのリスクばかりが目立ちます。そのため価格は当然に半値以下となります。

【商品化への道】

当社は、S氏から本件2分の1の共有持分を購入しました。

S氏から相談を受け、当社は購入するまでに共有者のH氏に現状確認と意向を尋ねています。その際、機会があればS氏の所有している共有持分を取得したいという意向をお持ちでした。しかしS氏はH氏には売却したくないという強い意向がありましたから、それは無理です。

✓共有持分は不動産全体の売却はできない
✓自身の共有持分は自由に売却することができる

S氏はすぐにでも手放したいとの希望がありました。当社は現金での購入になりますが、所有中は共有持分に応じた賃料収入を得られるため、収益還元法による利回りでも収支がプラスとなる価格をS氏に打診します。S氏と購入価格が折り合い、当社は長期化の可能性も視野に入れつつ、最終的には商品化できると判断し、当社で引き受けることとします。

そして購入した後、当社はH氏と連絡を取り、今後は当社が共同所有者となるので話し合いの場を設けたいと申し出ました。しかしS氏の共有持分が当社に移転したことに疑念を持たれたようで、「まずはこちらに一声あるべきではないのか」と言うのです。結局、双方代理人として弁護士を立てて話し合うことになりました。

当社は、この状況では共有しながらマンションを円満に運用、運営することは困難と判断し、共有化の解消へ向けて、当社の持つ共有持分をH氏に売却する方針を決めます。

まず、「機会があればS氏の共有持分を購入したい」というH氏の意向に沿って進めます。

当然ながらできる限り安く取得したいはずです。

交渉の過程で、H氏側から最初の購入希望価格が提示されます。提示価格は、当社がH氏の共有持分を購入したいくらいの水準です。「その価格なら、当社にH氏の持分を譲ってください」とお願いすると、その後の交渉で希望価格が少し上がります。そんな交渉を数回繰り返しましたが、相手の資金繰りなどの理由で、一度話し合い自体が止まります。

半年が経過しても一向に進捗しません。そこで、このまま交渉が進められないようなら、裁判所を通じて「共有物分割請求」訴訟で裁定を仰ぎたいと伝えました。

まさに訴訟の準備に取りかかろうとしたタイミングで、再びゆっくりと動き出します。H氏側は当社の共有持分の購入を諦め、H氏所有の共有持分を少しでも高く売却したいとのことです。

それなら、当社がH氏の共有持分を取得するよりも、共同でマンション全体を売却する方が、価値を最大限まで高めることができます。そこで入札方式による任意売却を行うことを提案します。

賛同も得られ、不動産業者である当社と一般消費者であるH氏、立場が違う者による共同売却方式を行うことが決定します。そのため、売却に関する諸条件を細かく設定する必要があります。

●最低売却価格

●消費税
●仲介会社が介在した場合の取り扱い
●瑕疵担保責任の負担
●開札から引き渡しまでの日程

その他の各条項等が決まるまで、さらに半年を要しました。また、実務的な面ではサブリースを組んでおり、賃借人との賃貸借契約は共有の法人が貸主となり締結しています。当社は、共有の法人の株式を取得していないので、当事者として直接賃貸管理会社と話すことができません。書類の開示、賃貸借契約の実態や詳細が把握できず、H氏の弁護士を介して情報収集するためタイムロスがあります。

ただ、ここまでは時間を要しましたが、綿密に諸条件を設定したうえで入札を開始したため、売却物件の情報公開から引き渡しまでは非常にスムーズに行うことができました。

【結　果】

本件は、当社がS氏からマンションの共有持分を取得し、売却により入金するまでに約1年半を要しました。

当社は共有持分を、当時の仲介会社が作成した査定価格の約4割程度でS氏から購入しまています。サブリース後の賃料収入では利回りが25％ほどです。H氏と共同することで、一棟マンションとして入札を行えたので、当時の流通相場で売却することができました。当社がS氏から相談を受けてから売却までの1年半の間で不動産市場、特に収益不動産の価値は高騰していました。当社が取得する直前から都心部は既に過熱気味でした。インバウンドによる底上げもありますが、収益不動産に対する金融機関の融資増が原因としてあげられます。そのため、サラリーマン大家さんのような一般消費者の市場参入が増えました。一棟のアパートやマンションなどの収益不動産や事業用地を中心に価格が上がったのです。

このバブルにおいても千葉市の地価は、それほど大きな高下はありませんでした。しかし市場参加者が増え過熱しすぎた都心部の影響は、まず神奈川県横浜市へ、次に他政令指定都市や周辺三県へと広がりを見せました。その余波が千葉市にも及んでいました。

現在なら、今回のマンションの価格では取得も売却もできていないでしょう。

【対策】

同じ持分の共有者は対等の関係なので、交渉が進みません。場合によっては、話を持ちかけた方の立場が、足元を見られ弱くなることさえあります。

また、共有持分の不動産は金融資産としての評価が出ず、共有状態を解消するには時間を要します。

一般的に、相続や新築、結婚など、家族環境が変化するタイミングで不動産を共有にする機会があります。相手に何かあったときに相手の共有持分をすべて取得できれば何も問題はありません。しかし相手の共有持分が本人以外の者に受け継がれ、共有持分が細分化されていくと取り返しがつかない事態となります。意思決定に全員の同意が必要になるからです。

個人的な意見ですが、不動産は一者単有が望ましいのです。既に共有状態にある場合、共有者と円満だからとそのままにしておくと将来リスクが残ります。いつ良好な関係がこじれるかもしれませんし、相手が亡くなるかもしれません。関係が良好なうちにどちらかへ移転した方が良いのです。

共有を解消する際には、低額ならば贈与で対応できる可能性がありますし、相手の共有持分を購入することにより1分の1の所有権となるならば、取得時に住宅ローンを組める可能性があります。

一度現状を確認してみてはいかがでしょうか。

5、自己使用中のビルを売却。至急で換金したい。

（ビル・全空室・借地権・違法建築）……………………東京都中央区

【物件概要】

所在：東京都中央区
種別：事務所・車庫
権利：借地権
概況：都営最寄り駅から徒歩2分。借地面積約15坪弱。建物約60坪弱。昭和60年代の鉄骨造。フロア毎に独立している。

【経緯】

M氏（50代）は15年前に本件ビルを競売にて取得しました。現在はビル内に居住しており、法人として別のフロアも利用しています。

急遽まとまった資金が必要となり、本件ビルは現在抵当権が設定されていないので売却を検討します。

仲介会社へ相談したところ、個人の方への引き渡しには時間がかかるうえ、融資などにより諸条件が付されてしまう可能性があるので、不動産業者へ売却して確実に資金化する提案があり、当社を紹介されました。

【課題】

M氏は現在建物を丸々利用していて、売却に際しては引っ越しを予定しています。そのため、全空室での引き渡しとなります。

売買するにあたって課題が3点あります。

●全空室
●借地権
●違法建築

まず全空室についてです。

自己使用を目的としてそのまま売却できると手間もかからず望ましいのですが、売れるまではランニングコストがかかり、売れない状態が長期化すると、やはり賃貸募集しておけば良かったと後悔することがあります。

収益不動産の需要が高く、地価が高騰している現状において、満室にしてある方が売却しやすいのは事実ですが、賃借人を埋めるまでは面倒で、手間と労力を要します。

次に借地権についてです。

本件の土地所有者は、神社やお寺ではなく一般法人でした。

借地権は「売りたい」と思っても、どのようにすれば良いのか分からない人が多く、これは不動産会社においても同様です。本件も相談にきた仲介会社の担当者が借地権自体やその取引方法を詳しく理解していませんでした。

最後は違法建築です。

本件建物は外階段で建築確認申請をしていましたが、建築する時に外壁内側へ変更し内階段にしたため、建ぺい率、容積率どちらも超過しています。

違法建築であるため金融機関から融資を受けることが難しく、現金購入者を中心に買主を募ることとなります。

【商品化への道】

当社はM氏より空室渡しにて本件ビルを購入します。

この案件で当社が行ったことが3点あります。

●土地所有者との交渉

●測量

●改修工事

まず土地所有者との交渉ですが、売買契約にあたり、次の内容が確定することを条件に締結します。

●譲渡承諾料や更新料の決定

●残存期間分の更新料を支払うことにより、新規20年間の契約を締結してくれるか

●2年以内に再販売する場合は、次回の譲渡承諾料を免除してもらえるか

●当社負担の測量に協力してくれるか

そして締結後、仲介会社とともに土地所有者と面談し交渉を始めます。

土地所有者は複数の土地を貸していて、諸条件や一定のルールを決めていました。そのため、当社が確認したいことやお願いしたいことの意図も分かっていて、早々に回答がありました。

当社の希望は一通り了承が得られ、すべての条件が確定したので、M氏より引き渡しを受け、早速測量と改修工事に着手します。

測量については、大きな筆の土地を一部分借りていますが、古くに行った測量図をもとに契約面積を決めていたので、今回の取引において契約面積を確保できるよう改めて測量を行わせてもらうことにしました。

　土地を所有している人、土地を借りている人、そして土地に接する人、すべての方の立ち会いと了承を得て契約面積を確定します。

　違法部分については、

●現存外壁を壊し、階段内側に外壁を新設

●内階段を外階段仕様へ変更

このような是正をするための改修工事は現実的ではないため、現存家屋をそのままの状態で利用することにします。そこで屋上防水や外壁補修、すぐに入居や賃貸できる状態まで室内は全面的にリフォームします。

【結　果】

　当社は、流通相場の借地権割合に対して約9割程度で購入しました。

違法建築ではありましたが、当社が行った改修工事により建物の付加価値は上がり、結果、建物を自己使用する買主が購入しました。

　金融機関からの融資を試してはみたようですが、建物の遵法性が保たれていないことから受けられず、ノンバンクを利用しています。

【対策】

当社は不動産業者なので、個人の買主には引き渡し後2年間見えない瑕疵に対して担保責任を負います。

売却後、台風や豪雪により屋上や外壁から漏水がありました。引き渡し前に防水工事を行っていましたが、窓枠の隙間や換気口から雨が吹き込み、天井裏などで溜まり、乾ききる前に再度入り込み、と繰り返されたことから漏水が起こったようです。

引き渡し後、再度防水工事を行いましたが、内部から老朽化が進んでおり、やってもやっても、対応し切れない状態が続きました。

ある程度落ち着いた頃に2年間の期間が経ち、

●現状漏水は見られない

●これまでの漏水が原因で影響のあった壁紙等の内装を交換

これらの確認と対応を行い一旦当社の義務は終了となりました。

古い建物は目に見えないリスクを負っています。

第5章　その他

1、工場を閉鎖。売却についての相談。

（工場・借地権）

東京都文京区

【物件概要】

所在：東京都文京区

種別：居宅・工場

権利：借地権

概況：東京メトロ最寄り駅から徒歩1分。借地面積50坪強。建物約60坪弱。昭和20年代に建築した後、増築が繰り返されている木造2階建て。前面は幅員20ｍ超の都道に接する。

【経緯】

K氏（60代）は両親の代から続く工場を経営しています。

借地権付き自宅兼工場である本件は、10年ほど前に兄弟とともに相続しており、現在はK氏家族がその2階部分に居住しています。跡取りはいなく、自分の代で終わらせるつもりでいます。その時には自宅兼工場として借りているこの借地権を売却し、引っ越そうと考えていました。

駅徒歩1分かつ前面道路が都道で幅員が20m超もあるため、建て替えの際には現状家屋とは比較にならない規模の建物が建築可能です。そのような立地のため、事あるごとに、

●○○丁目限定のお客様がいます

●○○万円で購入希望です

といった具体的な条件が書かれた、広告やダイレクトメールが届くようです。

本当に売れるのかどうか、そしていざ売却する時にはどのような手続きを取れば良いかを顧問の税理士に相談したところ、当社が紹介されました。

【課　題】

K氏は売却とともに引っ越すため、現在の建物は空家になります。

当社は購入した後、建て替えることになりますが、その流れは、

✓借地権なので建物だけ所有権移転

✓**解体してから新築に着手**
✓**建物が無くなったら一か月以内に滅失登記申請**
✓**建ち上がったら建物に所有権保存登記**

一か月で建物は建たないので、一時的に借地権として所有している建物が存在しない期間が生まれます。

借地権の第三者に対する対抗要件は登記されていることです。一時的にでも担保する不動産がないため、金融機関から融資を受けることが難しいことがあります。

【商品化への道】

当社はK氏とそのご兄弟から本件借地権付き建物を、現況空け渡しにて購入します。

K氏から相談を受けた後、本件借地権の建て替え時にどのような建物が適しているかを検証したところ、20戸を超える分譲マンションのプランが入りました。本件は仲介会社を介していなかったので、当社は買主となり、かつマンションデベロッパーに購入してもらうような流れを取ります。

そのためには、K氏らからの購入にあたり、次の内容の確定を条件として売買契約を締結します。

●譲渡承諾料や更新料の決定
●分譲マンションの承諾と建て替え承諾料の決定
●分譲時2年以内に限り分譲後購入者への譲渡承諾料を免除
●新規35年の土地賃貸借契約を締結
があります。

そして最も大事な内容で、
●当社からマンションデベロッパーへの譲渡の承諾と譲渡承諾料の免除
相談当初よりK氏らから当社が購入するとして話を進めていたことと、マンションデベロッパーからは当社が介入して売主側及び土地所有者側との条件面を整理してから購入したいとの意向から、当社が購入してからマンションデベロッパーへ売却する流れを取ります。

所有権の場合は、「第三者の為にする特約」により、売主から買主へ直接所有権移転登記を行うことができます。しかし借地権の場合はそもそも権利の売買であり、土地所有者に未承諾で譲渡を繰り返すことができません。当社が一度取得することにより譲渡承諾料が発生するため、そこを免除してもらえないかを伺うことになります。

そしてK氏らと売買契約締結後、土地所有者と面談し交渉を始めます。順を追って説明したことにより土地所有者からの理解はスムーズに得られました。

当社のような不動産会社が購入する際は、売主の瑕疵担保責任を免責にすることが多いですが、特別な薬品を使っていたりすると、土壌汚染により土壌改良を余儀なくされることがあります。この費用は莫大となることがあり、場合によっては通常取引される土地価額を上回ることすらあります。仮に当社からマンションデベロッパーへ譲渡した後にこの瑕疵が発覚した場合、瑕疵担保責任を負わないとしていたにもかかわらず無効となり、原因であったK氏にまで遡求されることもあり得ます。

そのため土地所有者との交渉開始と同時に地盤調査を行い、同時にK氏が工場を営んでいたことから懸念していた土壌調査を行います。

このどちらも想定の範囲内のものだったため、決済へ向けて取引を進めることにします。

【結　果】

K氏の手元に届いていたダイレクトメールなどは一般消費者向けの相場であったため、当社は事業用地としてはるかに上回る金額で購入しました。

また、マンションデベロッパーからは、借地権契約に関して提示されていた条件を、すべて希望通りクリアしたため、金額については最大限で譲歩してもらえました。

【対　策】

今回は借地権譲渡の相談に対し、全面的に解決の提案を行い、当社への信用から取引することができた案件です。

当初当社にて自社施工を検討していましたが、規模からマンションデベロッパーの協力を仰ぐこととしました。通常、借地権の転売は非常に難しく、自社購入時の融資もそうですが、当社からの譲受人である一般消費者においても、住宅ローン含めた融資を受けることが難しくなります。

しかし借入しやすいような借地権の期間や条件を設定することや、そのために借地人である売主に提案を行うことによって、土地所有者に対して交渉することができます。

その知識と経験があるかないかで、借地権の価値は大きく異なります。

2、現況倉庫を相続。利用予定がなく、課題解決に協力してほしい。
(倉庫・未登記・借地権)

……………東京都台東区

【物件概要】

所在：東京都台東区
種別：居宅（空家）
権利：借地権
概況：私鉄最寄り駅から徒歩2分。土地約8坪。築年数不明。
建物は登記簿上20㎡の平家建て。固定資産税評価証明書上約40㎡の2階建て。現況約60㎡の3階建て

【経緯】

H氏（40代）はもともと祖父が所有していたという現況倉庫を相続していました。ご両親も亡くなり、法定相続人として兄弟二人でしたが、一人は相続放棄をしたため、H氏が一人

で相続しています。

借地権の期間満了を来年に控えていますが、いまだに相続登記が完了していません。その理由は、依頼していた土地家屋調査士から、

●登記簿約20㎡平家建て
●固定資産税評価証明書約40㎡２階建て
●現況約60㎡３階建て

とすべての内容が異なり、家屋番号も違い、その経緯すら把握できないため登記手続きが行えないと言われています。

その旨を土地所有者に相談したところ、

●現所有者への登記が必須
●登記できないのであれば解体して返還
●現在未納となっている更新料等の支払い

これらを期間満了までにするよう言われています。

解体費用や更新料の捻出も難しく、どうにか解決する手段や、現状のまま引き取ってくれる人がいないか悩んでいるところ、弁護士を介して当社に相談がありました。

表　題　部　（主である建物の表示）	調製　平成２年１１月２２日		不動産番号
所在図番号	余白		
所　　在	台東区　　　　　６番地		余白
	台東区　　　　　６番地１		昭和５３年１０月２０日変更 平成３０年６月２１日登記
家屋番号	１３番１		余白
	６番１の７		平成３０年６月２１日変更
①　種　類	②　構　　造	③　床　　面　　積　　㎡	原因及びその日付〔登記の日付〕
居宅	木造木皮葺平家建	１９：８３	余白
余白	余白	余白	昭和６３年法務省令第３７号附則第２条第２項の規定により移記 平成２年１１月２２日
倉庫	木造亜鉛メッキ鋼板ぶき３階建	1階　１９：８３ 2階　１８：１７ 3階　１７：７６	②③昭和３７年５月日不詳変更、増築 ①②③年月日不詳変更、増築 〔平成３０年６月２１日〕

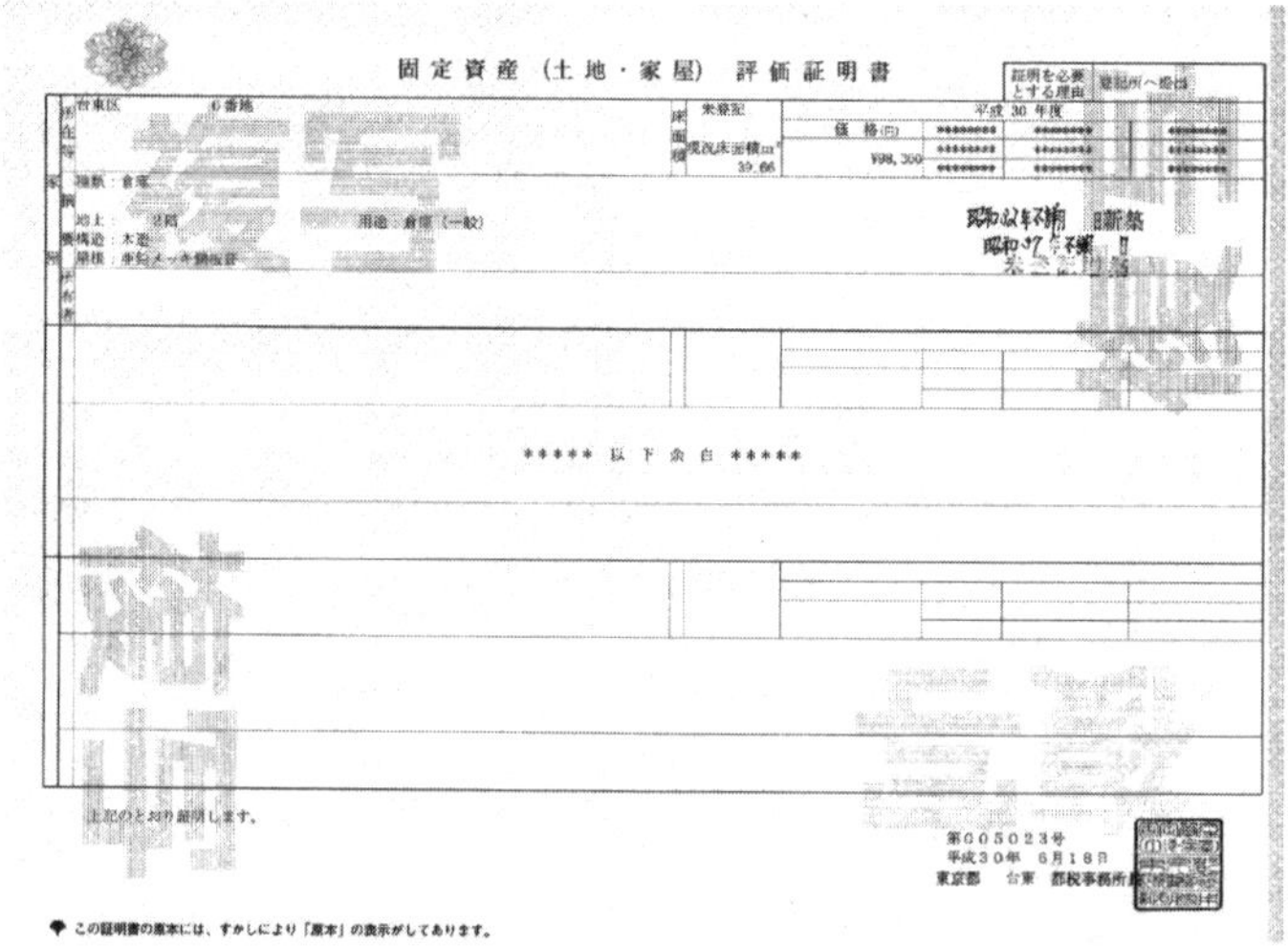
固定資産（土地・家屋）評価証明書

証明を必要とする理由

平成 30 年度

台東区　6番地

未登記

現況床面積㎡ 39.66

価格(円) ¥98,300

種類：倉庫

地上：　3階

用途：倉庫（一般）

構造：木造

屋根：亜鉛メッキ鋼板葺

***** 以下余白 *****

上記のとおり証明します。

第G05023号

平成30年　6月18日

東京都　台東　都税事務所長

この証明書の原本には、すかしにより「原本」の表示がしてあります。

【課　題】

今回の一番の問題は相続登記すらできていないので、当社が購入したとしても、当社へ建物の所有権移転登記ができない可能性があるということです。

借地権の第三者対抗要件は建物の所有権が登記されていることなので、購入した後に所有権移転登記ができないことは、権利を阻害されるリスクがあります。

それらを踏まえて対策を練る必要がありました。

【解決への道】

まずは当社でも、土地家屋調査士や司法書士に相談し、解決方法を探ります。

土地家屋調査士は、法務局や都税事務所へ調査を行い、所有権移転する方法を確認してもらいます。司法書士には、速やかに相続登記と所有権移転登記が行えるよう連携を取ってもらいます。事前調査では、解体しなくても恐らくは解決できるだろう、というところまでは調べがつきました。

当社はＨ氏から、現況のままで本件借地権付き建物を購入します。

相談を受けてから調査が完了するまで時間がかかり、間もなく借地権の期間満了の期間が迫っていました。解体しなくてはいけないか、それとも現況のままで移転登記できるのか、選択しなくてはいけません。

そして事前調査では、所有権移転登記ができる可能性は高いですが、まだ確実ではないために、購入価格はリスクを考慮して試算します。

H氏は本件取引において持ち出しがなければ良いとして、支払う諸費用程度で折り合いがつきました。

早速、土地所有者からの譲渡承諾を得られれば、その他の条件では解約しない内容で売買契約を締結し、その後相談を受けた弁護士とともに土地所有者の元へ伺います。

●H氏が当社への譲渡を希望していること

●相続登記や所有権移転登記が申請できる可能性が高いこと

●相続登記ができない場合は当社が建て替えを行うこと

●譲渡を受けた後の当社の事業予定

訪問時、土地所有者は、まだ相続登記が行えず第三者へ譲渡するにあたっても所有権移転登記ができないという認識でした。これに対し、当社側で調べたところ手続きが行えそうであること、建物の改修などに時間を要すため改修後も当社で賃貸募集を行い保有したいこと、万一相続登記が行えない場合でも譲渡を受けて建て替えを行うこと、など当社の意向を伝えます。

土地所有者としては介入権を行使して買い取るようなことはせず、第三者に利用してもらえることが望ましいようです。

●相続登記と所有権移転

●更新料の支払い

●新規20年の契約

これらの確約をもらい、当社の改修プランを提出してから新地代を決定することになりました。

そもそも建て替えができるならば簡単な話ですが、土地が小さく建て替えとなるとプランが入らず断念しました。現在の家屋をそのまま利用する場合、築年月不明の3階建て建物を改修するので耐震補強の課題があります。また、建物が奥側隣家と接続してトタン一枚で仕切られていたので、内側から外壁を作り直す必要があります。

ほぼ柱だけ残して大がかりに大規模改修を行うこととなり、土地所有者には詳細なプランを提出します。もともと木造平家の地代で継続し続けており、現況の3階建てのまま改修を行うならば、

●建て替え同様とみなした建て替え承諾料の徴収

●構造変更による地代の増額

●当初地代設定時と比較した地価高騰による地代増額

などの高額な請求がありました。割高なものであり当社の事業収支にも支障があったため、交渉を続けることにします。

建て替え承諾料が決まり、あとは地代だけとなったところで、土地家屋調査士にはより具体的な準備を進めてもらいます。

なかなか地代が決定せず半年が経過し、期間満了直前に最終案が出てきます。周辺相場からはまだ割高ではありますが、契約面積が小規模であることから妥協の範囲内と判断し、当社も了承しました。

これで当社と土地賃貸借契約を締結できるとなった時点で、残代金を支払い、土地家屋調査士には正式に相続登記と所有権移転登記の手続きを進めてもらいます。事前調査通り、依頼した土地家屋調査士で相続登記ができる状態となり、司法書士に相続登記申請を行ってもらいました。

売主への相続登記申請が完了してから、土地賃貸借契約を締結し、無事当社への借地権として建物に所有権移転登記申請ができました。

【結果】

当初見積もりを取っていた大規模改修費用は1、000万円弱でしたが、

●建築費高騰
●基礎のやり直しが必要
●やり直し等に伴う仕様変更

これらにより1、400万円まで跳ね上がります。

それでもすでに購入済みである不動産を利用するには、工事を行う必要があったのでそのまま進めてもらいます。

今では1階から3階まで満室稼働しており、そのまま保有を続けています。

【対　策】

今回も借地権の相談が始まりです。

✓借地権を取り扱える者
✓土地所有者との交渉を行える者
✓柔軟な取引を行える者

これらのどれかを行える不動産仲介会社はありますが、すべてに対応できる不動産業者はそう多くはありません。相談することはできますが、対応できるところは別の会社となると、携わる者ばかりが増え、解決自体が遠のく場合があります。

3、店舗長屋を長期保有中。管理が困難なので売却したい。（店舗長屋・敷地内に通路）

……………千葉県鎌ケ谷市

【物件概要】

所在：千葉県鎌ケ谷市
種別：店舗・居宅
権利：所有権
概況：JR最寄り駅から徒歩5分圏内。土地約80坪弱。建物80坪弱。木造2階建て。築年数不明。満室賃貸中。

【経緯】

S氏（70代）は相続した不動産の共有持分を30年以上前に兄弟から買い取り、現在は一人で所有しています。駅前の不動産会社にすべての管理を任せていて、満室状態が続いているので、毎月安定した収入があります。

しかし、いつ建ったかも分からない建物は老朽化が進んでいて、雨漏りや不具合などの対応が増えつつあります。

管理することが困難になり、周囲からは今が「収益不動産の売り時」との話を聞くので、建物の負担を負わず、不動産の状況を理解してくれる方に売却したいと考え、大手仲介会社へ相談します。課題を多く抱えた不動産であるため全面的に協力して欲しいと当社に依頼がありました。

【課　題】

S氏からの相談を受けた大手仲介会社から買い取りの相談を受けました。

当時、不動産は金融資産との見方が定着し、都心部を中心に収益不動産の高騰が始まっていました。

本件の課題は大きく2点あります。

●築年月不詳の老朽化した建物

●敷地内に通路

まず、築年月不詳については、不動産購入時に金融機関から融資を受ける際の弊害となります。建物についての金融機関の評価の仕方として次の3点があります。

✓遵法性が保たれていること

✓新耐震基準

✓耐用年数の残存期間

違法であれば融資は受けられませんし、旧耐震基準の場合は評価が厳しくなります。借入期間は耐用年数の残存期間までとの見方もあります。

次に敷地の真ん中に通路があることについてです。不動産の取引において当事者は少ないにこしたことはなく、

✓居住する権利

✓通行する権利

これらが絡む場合はより慎重にならざるを得ません。

本件は、売主、買主以外の第三者が介入するものとしては珍しい例になります。敷地の奥に向かって中心に通路があり、その通路両側に飲食店が並ぶ連棟式長屋のような形状をしています。その通路に対して、突き当たりの土地所有者との間で、過去に通行土地使用の公正証書を取り交わしています。

そのため、状況の確認と今後の対応について、突き当たりの土地所有者と直接話し合いをする必要があります。

敷地と道路の関係

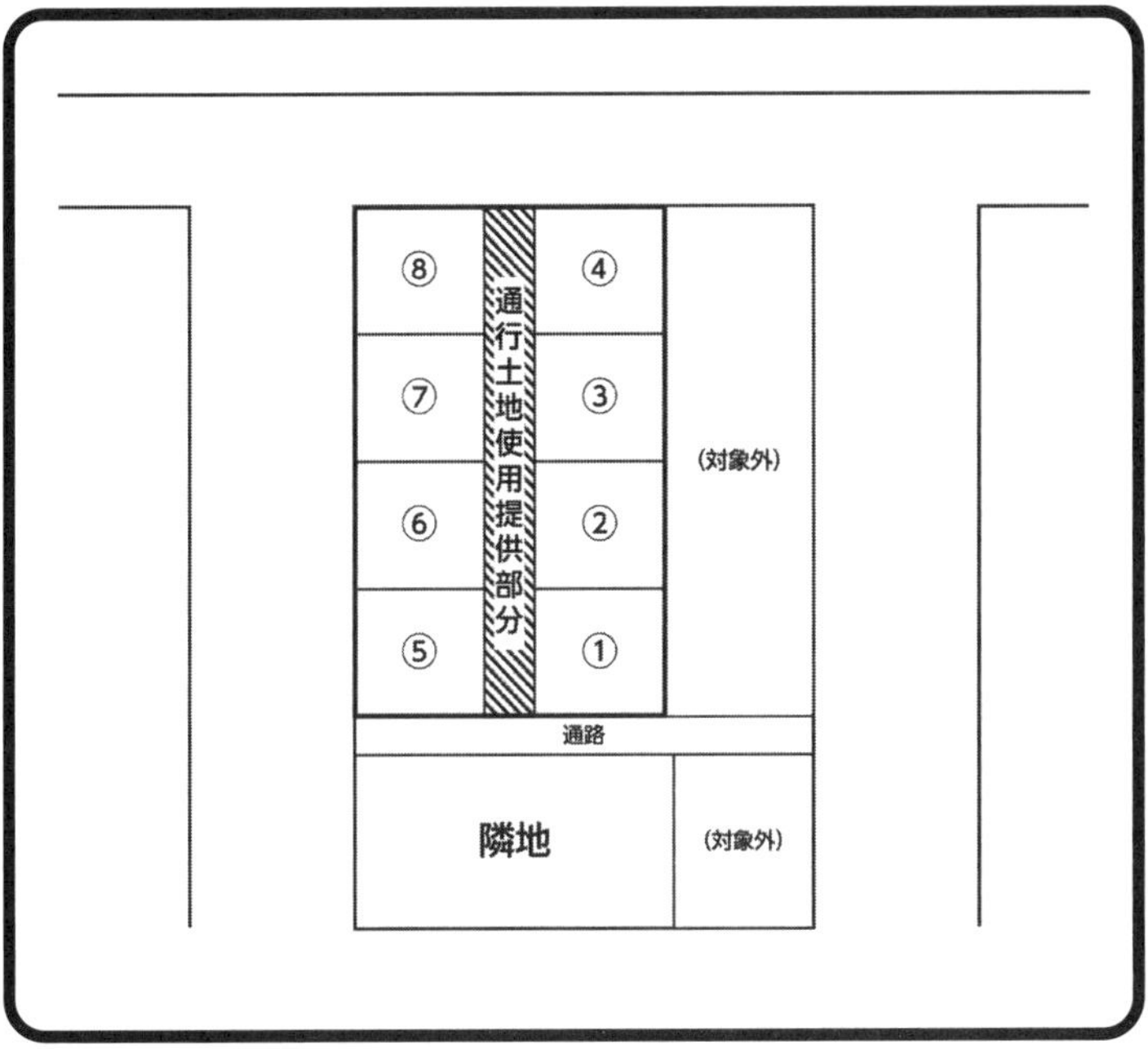

【商品化への道】

当社は本件店舗長屋を、S氏から賃借人付きで現況のまま購入します。

この案件は築古と権利関係により、当社購入時から借入が困難なものでした。真ん中の通路について通行土地使用の公正証書を取り交わしているため、簡単に解除はできないうえ、土地が中心から真っ二つとなる2区画扱いの評価になるとのことです。事業として手がける当社ですら融資が難しいので、当社から購入する方はより厳しいものと想定されます。そのため、購入後は、賃借人の将来的な退去と、その時に通路を解消できるようにしておくことが課題となります。

S氏の意向は、建物の負担を負わず、通路の関係を理解して購入してほしいとのことですので、当社は現況のまま引き受けることにします。

当社からの購入者も金融機関の融資を利用できず現金購入が前提になります。購入者へ実質利回り10％程度で売却できる価格から、諸費用等を考慮し試算した価格をS氏に提示します。通路の問題などから価格について理解を得られ、売買契約締結となります。

賃借人の引き継ぎを行い、無事に引き渡しを終えてから、当社はまず全店舗へ挨拶を済ませ、客としての立場であらためて訪問します。一軒一軒、現在の建物の老朽化状況を説明し、今すぐではなく5年程度を目安に、期間満了に伴う更新時には定期借家契約へ移行してほしいとお願いしました。
奥の土地所有者には公正証書の内容に対し、再建築する時には、通路部分を真ん中ではなく端に寄せるよう変更したい旨を相談します。
双方ともに快く応じてもらい、すぐに書面化し販売活動に入ります。しかしそれでも金融機関は現状を重視し担保評価はゼロでした。

【結 果】

収益不動産は違法建築でも再建築不可でも現金購入での需要があるので、利回りが高ければ流通します。おおよそ、価格は上限で2、000万円前後、実質利回りで10％程度が目安となります。そして都心部から離れるほど、価格の上限は下がり、実質利回りは上がります。
当社は満室想定利回り14％程度で購入しており、結果、現金購入の投資家へ実質利回り10％程度で売却することができました。

【対 策】

近隣との協定や取り決め事項は、本件のように公正証書化されてしっかり残されているものは珍しく、簡易的に済まされていることが多いものです。

そして相続などにより受け継ぐと、書類の所在だけでなく、協定や取り決め事項の存在を知らないまま、販売活動を始めて売却してしまうことがあります。

物理面、権利面について、まずは口頭で質問し、存在の有無を確認のうえ消去していかなければ、購入後、またはその売却後にトラブルが表面化するかもしれません。

4、マンション複数室を複数人で所有。換金し共有を解消したい。（マンション・バルク10室）……東京都北区

【物件概要】

所在：東京都北区
種別：店舗・居宅・駐車場
権利：所有権
概況：ＪＲ最寄り駅から徒歩10分。都営線も利用可能。
事務所１室、居宅部分９室、他駐車場３台分。居宅部分１室が空室で、その他は賃貸中。

【経緯】

T氏を窓口とした計5名でマンションを複数室所有しています。
安定した賃料収入があるけれど、このまま共有し続けていると相続が発生した時の対応が

困難になります。今後のことを考え売却しようという話になり、大手仲介会社へ相談しました。

T氏の親の代より分譲当時から所有していて、相続によって現在は部屋ごと所有者が異なり計5名で共有しています。所有者全員が、このまま相続により共有関係が複雑になることに不安を感じ、売却には賛成しています。

今回はそのうちの10室を売却することにしましたが、複数室を売却する際、自身らが売主となって分譲することになります。宅地建物取引業法では、

✓不特定多数の人に対して

✓反復継続して取引を行う

ことは違反としています。

10室をまとめて購入する買主として個人投資家は難しいと考え、不動産業者である当社に買い取りの依頼がありました。

【課　題】

ＪＲの駅から徒歩10分圏内という立地と、近くに学校などがあることから、空室時の賃貸募集で困ったことはなく、安定した賃料収入が得られています。

10室一棟のマンションやアパートならば金融機関からの融資も利用しやすく、個人投資家の需要があります。しかし本件のようなバルク案件となると、一室の区分マンションを10件購入することになるため、投資家の資金繰りが難しく、不動産業者への売却といったケースが多くなります。

本件は、1階の事務所と他9室の住居が対象で、当社は購入後各室をバラバラに売却することになります。事務所と空室を除いた8室については、

●同じエリアの同じマンション内

●同じ価格帯の同じ利回り

これらを購入する買主を8人見つけなくてはいけません。

JR線を最寄り駅としていても、北区という都心部から離れた地域であるため、完売まではスムーズに行かず、後半は苦戦するだろうと想定しました。

【商品化への道】

仲介会社からの紹介先として、当社以外には大手区分マンション買い取り業者がいました。当社の購入希望価格よりも高い金額の提示があったようですが、決済までの期間の長さや取引における条件が多く、T氏ら売主が不安になるため、条件等に融通の利く当社への譲

渡を勧めてくれました。
また、仲介会社から当社購入後の計画として、

●1階事務所の賃借人への譲渡

●空室のリフォーム後の再販売

●リスト化している投資家へ残る8室居宅を紹介

これらの提案がありました。

当社が行った市場調査によって想定した売却価格とも合致した価格帯だったので、当初の購入希望価格から少し金額を上げ、表面利回り10％程度でT氏らより賃借人付きのまま購入することになりました。

【結 果】

賃借人付きのまま引き渡しを受けたので特に加工すべき点はなく、早速3パターンに分け販売活動を開始します。

●1階事務所

●空室1室

●賃貸中8室

１階事務所については、購入時の仲介会社へ依頼し、現賃借人である法人へ紹介してもらうよう依頼します。現在の賃料を支払い続けていくことと、融資を利用できた場合の支払いを比較し、購入する方がメリットとなる価格帯を試算し提案してもらいます。

空室は退去したままとなっていたので、地元管理会社を訪問し原状回復と賃借人募集を依頼します。時期によって賃料相場は若干の変動があるものの、想定していたものよりもやや上回る賃料での提案を受けました。

想定賃料を掲示し、賃貸と売買を並行して募集を開始します。

賃貸中のものは投資家に向けて告知を開始し、収益不動産として購入者を募ります。

開始後まもなく動きがあり、１階事務所の賃借人からは前向きな回答をもらい、法人から賃貸中８室のうち４室を購入したいという希望を受けました。どちらも当初の想定価格と同程度のものでしたので応諾し、早々に売却契約を締結します。

空室１室についても賃借人募集開始から１か月程度で申し込みがあり、全室賃貸予定となりました。そのため残り４室賃貸中のものについては、個別に投資家への紹介を行い、３室まとめて購入してもらい、残り１室は半年かけて売却に成功します。

最大10件の取引まで覚悟して購入しましたが、結果は４件の取引でした。

【対策】

宅地建物取引業の定義は、

✓**自ら**が**宅地・建物の売買**あるいは**交換**を**業**として**行う**こと

✓**他人**が**行う宅地・建物の売買、交換、賃借の代理・媒介**を**業**として**行う**こと

と定められています。「業として行うこと」とは「不特定多数の者に対し、反復継続して行うこと」なので、無免許で宅地建物取引業を行うことは違法行為になります。

土地所有者や大家業を営む個人はこういった問題に直面し、当社のような不動産業者が介入する機会が多くあります。

本件のように一度不動産業者へ売却すると、期限が分かり換金しやすいですが、不動産業者はその後に不特定多数の者へ反復継続して再販売し事業利益を得ますので、当然に価格は割安なものとなります。

次に、身近に信頼のおける不動産業者がいる場合、

✓**第三者**のための**契約**として**売買契約**を**締結**

✓**決済**までの**期限**を**半年**や**一年**など**長く取る**

✓**買主**となった**不動産業者**が、**所有者**の**代**わりに**売主**となって**再販売**を**開始**

✓**売**れるごとに**中間金**を**得**るか、**完売**してから**残代金**を**支払**ってもらう

という方法があります。

不動産業者から、査定価格や再販売時の想定価格の提案を受けて、所有者と不動産業者との間で、

●所有者は売っても良い価格

●不動産業者は売買して事業利益が出る価格

を提示し合い、お互いに納得のいく価格で売買契約を締結します。

不動産業者が再販売する価格は分かりますので、むやみに利益を取っていると所有者は納得しないでしょうし、あまりに利益が少ないと不動産業者は介入することに対するリスクが大きくなり取り組みができなくなります。

この方法を利用するには、所有者は不動産業者へ通常売却するよりも高い価格となる可能性がありますが、換金まで時間がかかります。

不動産業者は、自社で資金を用意することなく販売物件を入手できますが、不動産業者として瑕疵担保責任を負います。また、通常購入して再販売する時よりも事業利益は少なくなります。

5、未利用の長屋の空家。残置物含め現況のまま引き取って欲しい。

（長屋・空家・一部倒壊）……………東京都足立区

【物件概要】

所在：東京都足立区
種別：店舗
権利：所有権
概況：私鉄最寄り駅から徒歩5分圏内。土地約20坪弱。建物約20坪弱。築年数不明。
L字をした地型をしていて2方向接道。一方は要セットバック。

【経緯】

本件は司法書士から所有者K氏（40代）の紹介を受け、直接買い取り依頼がありました。
K氏は都内別所に自宅があり、生家であり店舗として営んでいた本件不動産は、両親が亡くなった後そのままとなっていて、長らく空家となっています。

知らぬ間に玄関先に車が突っ込んでいたようで、近隣からK氏宛に連絡があり初めて事態を知りました。現在はとりあえず板張りで塞いでいるけれど、復旧は困難な状態です。

K氏は今回の事故をきっかけに手放すことを決心します。この状態のままでも引き取り手がいるかどうか分からず、相続登記を依頼した司法書士に問い合わせます。

そして当社が紹介され、残置物含め、土地建物に対し何も手をかけず手放すことが可能かどうか、直接相談を受けました。

【課　題】

本件の課題は大きく3点あります。

●長屋

●境界非明示

●不整形地

まず長屋についてです。連棟式住宅のことを言い、テラスハウスとも呼ばれるこの長屋は、老朽化が進み自分のところだけ建て替えたいといっても、区分所有法や民法の適用を受けるため、相手の了解を得られなければ簡単に着手できません。

また本件は、このような一般的な連棟式長屋ではありません。大地主が所有していた屋敷が近隣に切り売りされて、それぞれが建物を部分的に切り離し、その後建て替えが行われ、隣家と2件の区分所有となったものでした。

次に境界非明示についてですが、境界が目視できて初めて測量を行うことができます。長屋のように、隣地と壁でつながっている場合は、解体完了後、地肌が見えるまでは作業に入れません。

最後に不整形地についてですが、本件は角地の角部分がない「L字型」のような形状をしています。土地面積が大きく前面道路が広い場合は影響が少ないですが、小振りな土地や密接した住宅地の場合、解体や新築工事を手作業で行うので、費用が2~3割程度割高になります。

【商品化への道】

当社はK氏より現況のまま本件長屋を購入します。

当社は購入後に解体と測量、そして隣地と相談し建物を切り離す計画です。

切り離しの交渉が難航した場合、最寄り駅から徒歩5分圏内という立地から、一部倒壊している部分を解体、残りを補修して賃借人を募集し、収益不動産として運用させようと考えました。

切り離して本件建物の解体と隣家補修の場合と、一部倒壊部分の解体と本件建物の補修を行う場合と、どちらも見積もりが700万円程度と同額でした。

賃借人入居後、収益不動産として一般消費者へ売却すると、当社のような不動産業者は建物の瑕疵担保責任を負わなくてはいけません。老朽化の進んでいる本件建物についてはリスクが高く、かつ境界が明示できないままの売却となるため、実質利回り10%強を想定し、購入価格を算出します。

K氏には、引き取ってもらえるうえ価格がつくということで理解を得られ、売買契約締結に至ります。

当社は契約後、隣家との切り離し交渉をスムーズに進めるため、事前に解体業者とできることを一つずつ確認し、補修等の提案準備を行います。

【結　果】

K氏から引き渡しを受け、早速解体業者に同行をお願いし隣地所有者F氏のもとへ訪問します。

当社都合の切り離し依頼に全面的に協力してほしい旨をお願いし、その時の工事内容やその後の建物補修等の対応を説明します。

●現状、隣家押入部分が出っ張り、本件土地に食い込んでいる

●押入部分を撤去し外壁を作り補強

●地型が押入に沿って飛び出ているので直線となるよう等価交換したい

これらを行うメリットやデメリット、そしてすべてを当社負担で行うことを伝えます。押入内の荷物の移動などの人手についても提供するということで、F氏には了承してもらい解体補修工事に着手します。

解体中、隣地境界付近の屋根裏から大量の残置物が見つかったり、本件建物下に旧建物基礎が残っていたりと、工事費用が追加となるトラブルがありました。

解体後境界が目視できるようになったので、土地家屋調査士へ依頼し測量に入ります。飛び出た押入部分が直線となるよう交換しあい、交換部分が同面積となるようにしてもらいます。その際、空中含め越境とならないかを確認し等価交換契約を締結し、以前より整った地型となりました。

現況のまま流通相場の半値近い価格で引き取り、結果、流通相場程度の価格帯で売却できました。

近隣も巻き込み、お互いプラスとなるような関係を保つことにより解決できた事案となります。

現況測量図

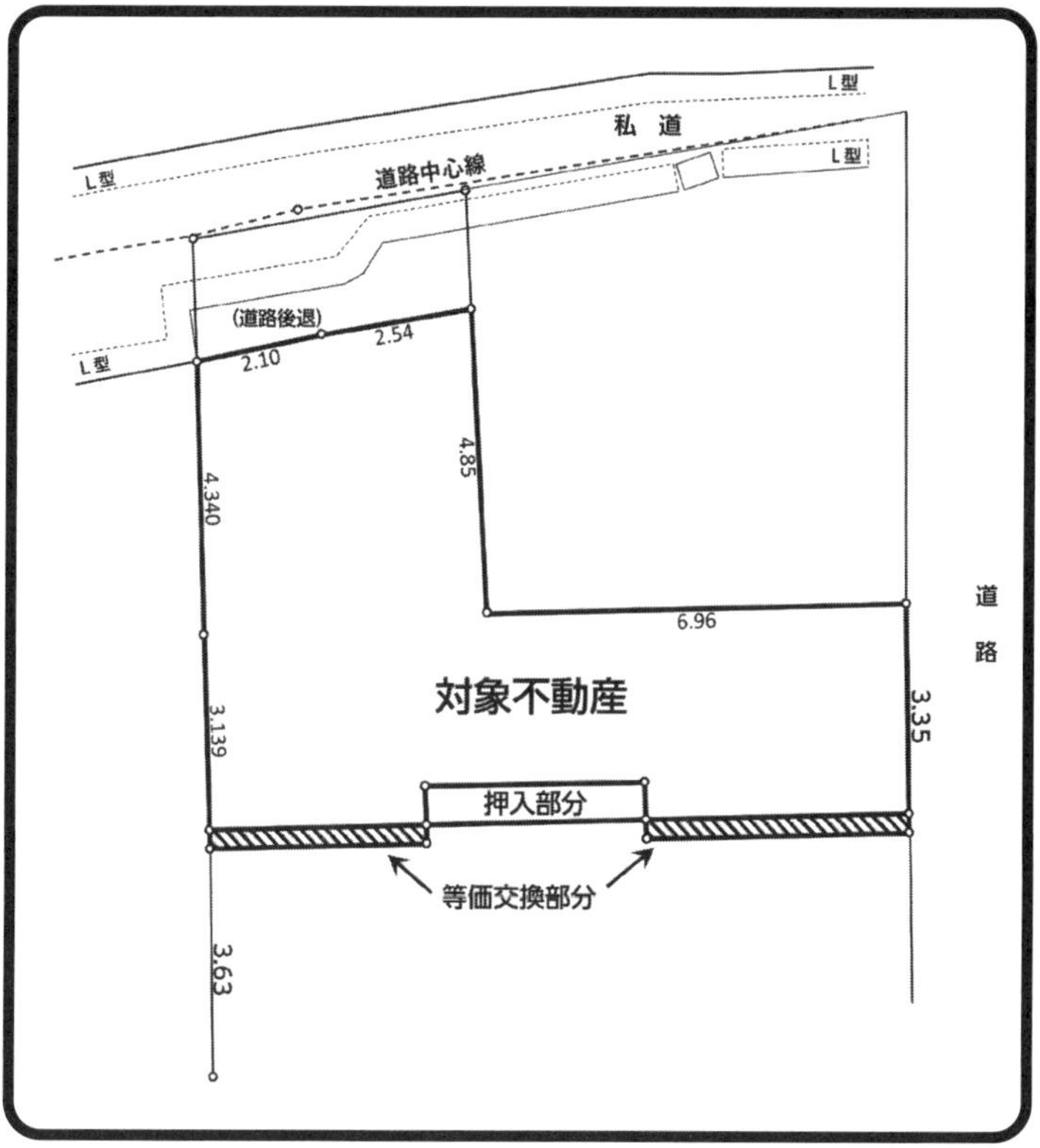
L型
私　道
L型
L型
道路中心線
(道路後退)
2.10
2.54
L型
4.85
4.340
6.96
道
路
対象不動産
3.139
3.35
押入部分
等価交換部分
3.63

小振りな土地や密接した住宅地の場合、少なからず隣地や近隣の協力を得なくてはいけない状況となることがあります。

【対策】

✓ **本件のように建物の接続を解消したい場合**
✓ **越境されているものを是正したい場合**
✓ **隣地境界線から50㎝以内に建築したい場合**
✓ **通行掘削承諾書を取得したい場合**

これらは所有者がこれまでどのように近所と付き合ってきていたかによって、得られる結果が異なります。現状を変更するためにお願いする立場として、仮に険悪な関係であると、所有者が変わって当社が当事者として相談に行ったところで冷たくあしらわれてしまいます。

その反面、良好な関係であると、「この度○○さんからお譲りいただきました。」と挨拶するだけで話がつながりやすく、依頼についても快諾してもらいやすい傾向があります。

また、越境や承諾などの書面が取得できることを条件に売却の売買契約を締結することになると、取得できるかできないかによって不動産の価値に差が生まれます。

お互いさまである近隣との関係は良好に保たれていることが望ましく、当社が一般消費者へ売却する際においても、その良好な関係を引き継げるよう注意を払っています。

第6章　用語解説

①借地権と底地

不動産の権利形態は所有権だけではありません。

所有権以外にも借地権や底地といったものがあります。普段関わることがなければ馴染みはありませんが、取引をする上では非常に注意が必要です。

●所有している土地を第三者に貸している

●所有している家屋が第三者から借りている土地上にある

これらの状態によって、所有権よりも当事者が「一つ」増え、購入や売却の際にも通常より手続きが一つも二つも増えることになります。

手続きならまだしも、スムーズに行かなければ交渉に発展することにもなりかねません。

この借地権には3種類あります。

✓旧法の借地権

✓新法の普通借地権

✓定期借地権

平成4年8月1日に借地借家法が新たに施工され、それ以前に成立しているものを旧法借地権と言います。この旧法は、正当事由がない限り半永久的に土地を貸したら返ってこない制度です。その反面、正当事由があれば半永久的に土地を借りていられます。

借地権に関する相談で多いものとして4点、

✓**地代　…………………毎月もしくは半年など定期的に支払う賃料**
✓**更新料　………………期間満了時、継続して契約を締結するための対価**
✓**譲渡承諾料　…………売却などを理由に第三者に譲渡する際の承諾の対価**
✓**建て替え承諾料　…新築や改築等、建物の価値を向上させるための承諾の対価**

などがあります。どれも借地人が土地所有者に対して支払う対価です。

土地所有者がお寺などの場合は、複数土地を貸していて、これらのケースに一定のルールを決めていることが多く、トラブルにもなりにくいです。

そして、この借地権を貸している土地を底地と言います。

底地は、所有中にかかる経費がおおむね固定資産税程度です。また、家屋は借地人の所有であるため、所有している間の天災地変等によるリスクが抑えられます。

土地賃貸借契約書に明記されている場合には、期間満了ごとに更新料や、譲渡がなされるごとに譲渡承諾料を得ることもできます。

相続税評価額である路線価図には借地権割合が記されています。

借地権の流通相場はこの借地権割合に近しいものがあります。しかし、実際底地が流通する価格は、この借地権割合に基づく底地割合の半値や、それ以下だったりします。

地代の相場は固定資産税に対し、

✓**商業地の場合、5〜8倍**

✓**住宅地の場合、3〜5倍**

などと言われます。

これらはあくまで目安であり定められた価格はありません。

また契約が長く続いていて、原契約当初から地代を横ばいのまま継続していたりするため、この目安で地代を受け取っているケースは少ないのが現状です。

また借地権付き建物は住宅ローンにより金融機関の融資を組むことができますが、底地は事業融資のみとなりファイナンス面に課題があります。

底地は一般市場での流通自体が多くないことも理由の一つですが、換金性が低く、底地に対する長期事業融資を受けられる一般消費者が少ないこともあり、流通価格は低くなっています。

②測量と境界

現在、法務局に登記されている面積と、実際建物が建てられる面積が同一である不動産は、果たしてどれだけあるのでしょうか。

古くは三斜法による測量図が一般的でした。今では多くが、世界標準である世界測地系によって測量を実施しています。

登記された頃よりも測量の技術は進歩しているはずですし、隣地との境界自体が動いていることだってあります。それらにより非常に多くの不動産が実際の面積と異なっています。

✓過去に測量をした経緯があるか
✓道路に提供する部分（私道負担）はないか
✓道路などにみなされる部分（セットバック部分）はないか
✓有効宅地面積が分かっているか

これらを確認する必要があります。

不動産の取引をするうえで、境界の明示は売主の義務となるのが一般的です。境界が分からなければ、対象となる土地の面積が明確にならないためです。

東京においては、住宅地が一坪あたり２００万円や３００万円、商業地では一坪何千万円といった高額な取引が行われています。仮に数cmのズレがあるだけで、何万円、何十万円といった誤差が生まれてしまいます。

測量の義務は、取引ごとに条件にするかどうかを決めることができます。建物が一軒建つだけの小規模な宅地ならば、境界を明示してもらえば十分です。新築するにあたってでも境界をもとにした現況測量図だけで、建築確認が取得できます。

しかし将来的に幾つかに細かくできるほどの大きさがあるならば、「確定測量図」を準備しておくことが望ましいでしょう。

まず隣接する方々に測量に立ち会ってもらいます。そのうえで境界確認書に承諾印を押してもらい互いに取り交わします。

この確定測量が完了していると、土地を分割することができます。

不動産の活用方法として、選択肢が増えることはリスクを減らすことにつながります。保有し続けようと予定していたにもかかわらず、突発的な理由により売却しなくてはいけなくなるかもしれません。相続が発生し、第三者に譲渡するケースもゼロではありません。

その時に必要な条件となる可能性があるのならば、時間的な余裕がある今から準備をしておきましょう。将来的に分割する予定はないと決めつけるのではなく、常に選択肢を多く持つことが最善です。

また測量により境界が確定しているとトラブル回避につながります。境界により互いの所有地が明確になるためです。

測量により自身の所有地が明確となると、次は自身の所有物を自身の所有地内でまかなうことを考えましょう。この問題を越境と言います。トラブルの原因として、そして見落としやすいものとして四つ例を挙げます。

✓ブロック塀

境界の中心にブロック塀が建っていることがあります。支えがどちらにあるか。どちらのものか。共有なのか、所有権を明確にしましょう。

✓屋根や庇、電線

壁が境界から離れていても安心はできません。空中でも越境になります。屋根や庇が飛び出てしまっていることがあります。また電線や電話線が遠くから届いていることがありますので注意が必要です。

✓樹木等の枝葉

こんもりと茂っている樹木も然りです。去年はなくても、今年は育って越えているかもしれません。剪定等の手入れが必要となります。

✓配管

最も分かりにくいのが、この給水、排水、ガス等の埋設されている配管です。それぞれ、水道局、下水道局、ガス会社で調査を行い、現状を把握しておく必要があります。隣地と共用管になっているかもしれません。

単に越境と書いていますが、越境は「している」ことと「されている」ことがあります。

まず「している」場合、速やかに直せるものなのか。直せないならば、どうすれば解消できるのかを確認します。

次に「されている」場合、すぐに直してもらえるものは対応してもらいます。しかしそうでない場合、再建築の際には直しますといった約束をしましょう。できれば書面にて取り交わすことが望ましいです。

財産となる不動産を正確に把握するために、一度資格のある土地家屋調査士へ相談するのも方法の一つです。

③公道と私道

道路の区別の仕方として、公道か私道かというものがあります。

ここで言う公道とは、登記簿上の地目に公衆用道路と記載されているものではなく、所有者が国や地方公共団体のことを言います。

そして、公道以外の個人や団体、企業などが所有している道路のことを私道と言います。

私道の場合における、対象不動産から公道までの私道部分についての注意点をあげます。

✓**誰が所有しているか**

✓**持分を持っているか**

✓**持ち合っているならば、他の所有者を特定しているか**

そして当事者は限りなく少ない方が良く、当事者が多い時にはトラブルを回避するために最善を尽くしておく必要があります。

その一つとして「通行掘削承諾書」というものがあります。

持分を持っていない場合や、持分を持っていても他に私道所有者がいる場合、自分以外の私道所有者全員から、この通行掘削承諾書を取得することが望ましいです。

「お持ちの私道について、車を含めて通行させてください」

「配管等を整備する際には、掘らせてください」

という内容に承諾してもらい、確認として書類に残しておきます。これにより、言った、言わないのトラブルを防ぎます。

そして念には念を入れて、

「あなたが第三者に譲渡する時にはこの承諾書を承継してください」

「私が第三者に譲渡する時にはこの承諾書を承継します」

という確認事項を入れておくとなお良いでしょう。

万一、通行掘削承諾書がない場合、住宅ローンでの融資が受けられない可能性があります。

建築基準法上の道路であったとしても、公道まで自由に行き来ができないために、接道が満たされていない、と判断されてしまいます。

建物新築時、書類提出が厳しい東京ガスは、原則、この通行掘削承諾書の提出を求められます。

④道路と通路

ここでの道路とは、接道する前面の道が建築基準法上、建物が建築できるものとして認定されているかどうかを言います。

建築基準法でいう道路とは、原則として幅員４ｍ以上のものを言います。これは42条１項道路であり、国道や区道などの１号から、位置指定道路の５号まで、計５種類に分類されています。

４ｍ未満であっても２項道路と呼ばれ、指定されているものがあります。

また、幅員が５ｍ近くあり何不自由なく車の通行ができている道状のものであっても、道路として認定されていないものがあります。その場合、道路ではなく通路という扱いになり、原則として建築はできません。

建築基準法上の道路に接していない場合でも、

✓周囲に広い空地がある

✓農道等に接している

✓道路に通ずる通路に接している

などについては、例外的に接道義務が適用除外となり、建築が認められるケースがあります。

これを、43条但書と呼びます。43条但書により建築された建物である場合、但書の許可が永久に続くわけではありませんので、不安は残ります。そのため、需要は低く、評価も低くなりがちです。

⑤セットバックと有効宅地

建築基準法上では、前面道路の幅員が４ｍ未満の道路は、原則として、その道路中心線から２ｍの位置を、道路と敷地の境界とみなします。そして、建物を新築する時には道路としてみなされた部分を確保するように敷地を後退し、後退したところをセットバック部分と呼びます。

このセットバック部分には建物や塀などを建てられず、建築する時の敷地として算入することもできません。

道路の中心から互いに２ｍずつ後退するケースが多い中、稀に片方だけ４ｍ確保するよう後退することもあるので、役所にて調査を行い確認しなければいけません。

新築する予定がなければ、今すぐどうこうする話ではありませんが、いずれ直面する課題です。おおまかな面積は予想できるかもしれませんが、土地家屋調査士にお願いしなければ細かい面積は分かりません。

折り込み広告などを見ると、土地面積が「１００㎡（セットバック部分５㎡含む）」などと記載されていることがあります。この場合、建物を建築することができる有効宅地面積は、セットバック部分を除いた面積95㎡になるので、気を付ける必要があります。

⑥接道間口と道路幅員

販売中のものを一覧で見ていると、２～３割程度、周辺相場よりも割安なものを目にすることがあります。

詳細資料を確認し理由が「敷地延長」であることが分かります。路地状敷地や旗竿地とも呼ばれます。

建築基準法上では接道間口が２m以上確保する必要があり、敷地延長とは接道間口を２mや２・５mとし、奥に進んで本地部分が広がります。

手前は通路のような形状になっていて、２mや２・５m程度ではその部分に建物は建てられません。この路地状部分は通常、車や自転車を停められて、有効に利用できるスペースになっています。しかし、路地状部分には実際建物が建てられないので、奥の本地部分の面積から価額を算出することがあります。

割安な理由として、そもそも奥まっているよりは道路にしっかり面した土地が良い、ということ。また、この敷地延長の場合、建築に制限が設けられることがある、ということがあげられます。

例えば、東京都内においては、東京都建築安全条例で、特殊建築物、いわゆるマンションなどの共同住宅は建築できません。しかし、共用の廊下や階段を持たず、１階に各室の玄関ドアが連なっている重層長屋、と呼ばれるものは建築できることがあります。

道路幅員は、管理状態により大きく異なります。公道は、国や地方公共団体が管理しているので、アスファルトによる舗装や道路脇のL字溝が整備されています。しかし、私道の場合は所有者によって管理状態が異なるうえ、セットバックが不完全であったりすると、通行できる幅員が狭くなります。しかし、寄付などにより国や地方公共団体へ移管するには費用と手間がかかります。

道路幅員によって、利用できる車は異なり、解体や新築時における費用も増減するので、そのまま不動産の価値に直結します。

⑦残存期間と耐用年数

建物は構造により法定耐用年数が定められています。例えば、住宅の場合は次の通りです。

✓木造　22年
✓重量鉄骨　34年
✓鉄筋コンクリート　47年

住宅ではなく、店舗や事務所となるとまた異なります。

現実では法定耐用年数が過ぎたからといって、使い物にならないわけではありません。期間内に償却を終了させるというものです。

金融機関は不動産の担保評価をする際に、路線価や固定資産税評価額のような公に発表されているものを参考にします。住宅ローンは別として、収益不動産等については耐用年数の残存期間が、安全に貸し出せる融資期間とされています。

これを基に考えると、20年以上の長期借入による返済計画をたてるならば、

✓木造新築もしくは築浅
✓重量鉄骨平成20年前後
✓鉄筋コンクリート平成以降

が一つの目安となります。

平成20年以降のものは未だ築後10年強なので、それほど市場に多くは流通しておらず、探すことが難しくなります。そのため、おのずと鉄筋コンクリートや鉄骨鉄筋コンクリートのような堅固な建物に需要が集中しています。

⑧建築時期と耐震基準

「旧耐震」や「新耐震」という言葉を耳にしたことはありますでしょうか。

宮城県沖地震の反省から、昭和56年6月に建築基準法が改正されました。それ以前のものを旧耐震基準、以降のものが新耐震基準と呼ばれています。大きな違いは、震度6強の地震でも倒れないかどうかが目標になっています。

昭和56年6月までに完成したものではなく、昭和56年6月以降に建築確認を取得したものです。

東日本大震災以降、この耐震基準がどちらであるか、金融機関を中心に細かく問われるようになりました。旧耐震の場合、建物の評価は抑えられ、借入時に多くの自己資金が必要になってきています。そのため、購入を検討するうえで重要な項目の一つとなりました。

そもそも、新耐震であっても昭和56年に建築されたものは、すでに築後40年近く経過しています。鉄筋コンクリート造以上のものでも、残存期間は残り10年を切っています。新耐震かどうか、と併せてやはり建築年月が重要となります。

収益不動産用ではなく住宅ローンに対しても、最近では旧耐震に対して担保評価が出にくくなっています。

⑨建ぺい率と容積率

法規制の中に建ぺい率、容積率、というものがあります。

✓建ぺい率　…………1階部分の、敷地との割合
✓容積率　……………延べ床面積の、敷地との割合

例えば、

●住宅街…………建ぺい率60％、容積率200％
●駅前商業地……建ぺい率80％、容積率500％

など、地域によって定められています。

不動産の紹介用概要書には用途地域等のあたりに記載されています。今ならインターネットでも簡単に調べることができます。

チェックすべき点は、現存する家屋の面積が、果たしてこの建ぺい率、容積率の範囲内に収まっているかどうかです。

仮に、建ぺい率60％、容積率200％、敷地が100㎡の場合、1階の面積は60㎡以内か。延べ床面積は200㎡以内か。

この範囲を超えるとそれぞれ、建ぺい率超過、容積率超過、となります。その場合、現行の法規制に反して建てられている可能性があるので、調査により原因の究明が必要です。

また、容積率の計算をするうえでの追加事項です。

例えば、国道沿いには高いビルが建ち並んでいます。しかし、一本入った路地裏の、車がギリギリ一台通れるかどうかの細い道路に面している建物は、思いのほか低く、2階建てが並んでいたりします。

同じ容積率の地域のはずなのに、おかしな話です。

これは、容積率が前面道路の幅員によって制限されていることによります。前面道路の幅員に対し、商業系の地域なら60%。住宅系の地域なら40%を乗じます。

先の例では、車一台通れるかどうかの場合、幅員は4mを満たしていない可能性がありま す。道路は4mまで広げなければいけないので、その最低限の4に60%の240%か、40%の160%となります。

容積率のチェックをする時には、表面上の数字だけではなく、前面道路の幅員も確認して、その範囲内に収まっているかどうかを確認してください。

⑩建築確認と検査済証

ＩＴバブル以降、建物が法律に則って建てられているかどうか、しっかりと確認されるようになりました。

建物を新築する時には、建築確認というものを取得し、完成したら、建築確認通りに建っているかどうかの検査をし、検査済証というものが発行されます。

そして、この「けんずみ」を

✓取得しているか

✓取得後、建物を変更していないか

これらをチェックします。

実は、昭和の建物は取っていないものが多数存在します。そんな必要がなかった時代です。

しかし、平成に入ってからの建物は、ほとんどが取得しており、取っていない場合、なぜ取っていないか理由を問われます。ただ単に取らなかっただけなのか。それとも故意なのか。

１階を車庫として建築確認申請をしていたが、実際は事務所として建築し賃貸中といったものがありました。これは違法建築となります。金融機関のハードルは上がっていて、現在は担保不適格物件として融資を受けることが難しい状況です。

しかし、ただ単に取らなかったと言っても、今さら時代をさかのぼって再取得できるものではありません。時間が経過していると、違反していない、建築確認通りに建っている、の証明が困難です。

そのため、「けんずみ」があれば問題ありませんが、ない場合は現在の法律に則っているかの調査が必要です。

⑪再建築不可と接道義務

再建築不可とは、接道義務違反等によって、現在の建築基準法上建物の再建築ができない不動産のことを言います。その際の注意事項です。

建築基準法上、すべての不動産は、基本的に４ｍ以上の道路に２ｍ以上接していなくてはいけない定めになっています。幅員はセットバックにより道路とみなしてしまえば済みますが、接道間口については簡単ではありません。

例えば１・７０ｍしか接道していない。ということがあっても、僅か30㎝足りないことにより接道義務違反であり、再建築不可となります。

まずは「接道が足りないので敷地を30㎝譲ってください」と、隣地所有者にお願いに行って、快く協力してくれることになったとします。

仮に隣地の敷地が10ｍ×10ｍの正方形だった場合、30㎝だと約３㎡です。一坪近いと、都内では数百万円になります。相場もしくはそれ以上まで支払っても割りに合うかどうかを検証します。

次に、隣地所有者が自身の土地を30㎝譲っても、現在の建物に影響が出ないか。建ぺい率や容積率が不足しないかを確認します。

そして隣地の確定測量図を作成し分筆できるようにするには、接する全所有者との立ち会いを経て、境界確認書に署名押印してもらいます。この確定測量図の交付まで成就しない可能性もありますが、それでも一歩踏み出せるかどうか。

これらが、面倒となり放ったらかしておこうと決めたとしても、売却する時には同じ課題が残るので簡単には手放せません。

⑫原状回復と管理コスト

オーナーが貸した時の状態を100として、賃借人退去に伴って100の状態に戻すことを原状回復といいます。

この原状回復の費用は、ガイドラインによってオーナー負担分と賃借人の負担分とに分かれています。このガイドラインは賃借人にとって有利との見方をする人もいて、踏まえるとオーナーの負担分が大きくなっています。

綺麗に使っていたな、と見えるワンルームの場合、表面だけのリフォームを施します。壁紙を交換して、少々手直しを入れて、ハウスクリーニングをします。そして、電球やパッキンなど、何点か交換すべき備品が出てきます。そうすると簡単に合計10万を超えます。

長期の賃貸借期間を終えた部屋の場合、リフォームも大がかりとなり、給湯器の不具合、トイレやお風呂に亀裂が入っている、など水回りの補修や交換が必要になります。そうなると30万円を超えるケースもあります。

そのため、収益不動産を保有する時には、事前に次のどちらで進めるか決めておいた方が良いかもしれません。

✓安かろう悪かろうではないですが、必要最低限のリフォームに留めて、賃料も安くて構わないと割り切る

✓賃料の低下を防ぎつつ、付加価値を付け、賃借人がすぐ入るように、毎回毎回しっかり原状回復と修繕にお金をかける

これは、投資をする上での、最初の決断かもしれません。

また、不動産の管理は管理会社へ依頼すべきと考えます。管理コストを無駄な支出と捉え自分で管理すると、結局は行き届かなくなってしまうことが多いからです。

✓入金管理

✓緊急時連絡先

✓建物清掃

✓更新手続き

✓退去、募集対応

入金確認をして入っていなければ催促するだけですが、長く保有していると、そう簡単にはいかないケースが必ず出てきます。

例えば、「上の階から漏水がある」と深夜に賃借人から電話がくるとします。

就寝中の電話であった時に、起きてすぐ対応できるか。連絡に気付かず、翌朝折り返すときには、大ごとになっていないか。連絡がつかなかったからと、賃借人が自身で対応して高い請求が来ないか。

更新の手続きを自身で行い、単純に書類のやりとりだけで本当に事足りているでしょうか。実際には、連帯保証人から確認書や印鑑証明書をもらったり、火災保険等の再手続きをしたりと、やっておくべきことがあります。

１０１号室は〇〇不動産、２０１号室は××商事、と個別に依頼することになってしまうのならば、物件や最寄り駅の近くで手広く管理を行っている管理会社へお願いするのも良いでしょう。管理費用は賃料の概ね３～５％です。

また現地視察に行くと、外見は小綺麗ですが配管は鉄管のままだったり、屋上の排水溝が詰まり雑草が生えていたりする物件に遭遇することがあります。自主管理のため長期修繕が計画的に行われておらず、日々の清掃もおざなりになっているケースです。

不動産は定期的なメンテナンスが長持ちの秘訣です。保有する際にはしっかりと修繕を行うべく、中長期で計画を立てましょう。

ちなみに、屋上防水や外壁塗装、配管の交換などは数百万円単位となります。仮に、これまで全く修繕していない場合、屋上防水や配管のメンテナンスに費用を要することを念頭に置く必要があります。

保有時には管理費用のほかにも固定支出があります。

一般的に固都税等と呼ばれ、固定資産税として一括りにされているものです。23区内においてはほとんどが市街化区域内にありますので、固定資産税のほかに都市計画税が課税されます。

この固都税等は、一概に取引価格で算出することはできず、固定資産税評価額というものを基に計算されています。

固定資産税評価額は、地価公示の70％程度です。都もしくは市町村の税務課で、名寄帳を見れば確認できますし、記載されている評価証明書を取得することもできます。ちなみに、地域によって呼ばれ方は異なりますが、関係証明書、公課証明書を取得すると、評価額の他に納税額が分かります。

軽減措置後の課税標準額に対し、固定資産税は1・4％、都市計画税は0・3％が賦課されます。

⑬空家と空地

高齢化、人口減少のなか、現在大きな問題となっていることの一つに空家があります。不動産を相続しても、家屋や土地に利用価値がなく、また売却も難しいため放置しているというケースが多くなっています。この空地、空家に関する問題や制度などを整理してみます。

空家は、環境悪化や悪臭、倒壊、不法投棄や不審火などの原因となり、早急の対応が望まれますが、様々な悪条件がそれを妨げています。

まず挙げられるのが固定資産税です。固定資産税は、空家となっている所有者にのしかかる負担ですが、住宅の敷地については6分の1あるいは3分の1に軽減されています。つまり、空家を解体して更地にすることにより、固定資産税の額が数倍に膨れ上がってしまいます。これが空家放置の一つの原因となっていました。

そこで平成27年に施行された「空き家対策特別措置法」では、倒壊や衛生などの危険がある空家を特定空家に指定しました。これにより固定資産税の優遇措置が受けられなくなります。

しかし、これが負のスパイラルを生んでいます。解体費用を支払って更地にしても、売却がままならない土地であれば、放置されるのは避けられません。新法が、空家問題の根本的な解決につながるとは言えないようです。

空家や空地を処分したいけれど、値段が付かないので身動きが取れない。そのような不動産を相続した方の相談が、年々多くなっています。税理士や弁護士、司法書士など相続業務を行う士業の方からも、相続人から空家の処分方法について質問され、答えに困ったという声を聞きます。

例えば関東地方の一都三県であれば郊外でも値段が付く傾向があります。また、どこの地域でも駅から近い土地であれば値段が付くことが多くなります。資産価値を持つ不動産であれば、そのまま売却するか、リフォームやリノベーションを行って売却するか、更地にして売却するか、といった選択肢を一つずつ吟味することもできます。

重荷になっていた空地や空家が決して高くはないけれど売却できた、といったこともあります。地域の一般消費者の事情を詳しく知っている業者に相談してみるとよいでしょう。

空家の場合は建物を放ったらかしにしていることが多く、室内への雨漏りには気を付けなくてはいけません。屋根や壁の隙間からだけではなく、風が強い時は換気口から吹き込まれることもあります。雨風を受け樹木や草木も成長してしまいます。ご近所のところへ飛び越え、蔦が絡まっているかもしれません。勝手に切って良いか分からず、相談したくても空家で連絡先が分からず困っていることも考えられます。

更地の場合はビニールシートで覆っていなければ、雨の多いときには土砂が道路に流れ込んだり、快晴時には緩くなった地盤が砂埃を舞い上げていたりすることもあります。管理責任を問われてしまうので要注意です。これらも保有リスクの一つですが、知らないことを知っておくだけでも避けられます。

こうしたことを対処するには、相続した土地や建物が住んでいる場所から遠く離れた場所にあると困ります。なかには相続した不動産の現地を一度も見たことがない、現状をまったく知らないということもあります。しかし、これらは非常に危険な状態であり、今すぐに何かしらの対応をすべきです。

使っていない不動産が起こす危険とトラブルについて、対策を含めて考えてみます。相続した不動産の前所有者である被相続人は、その土地にゆかりがあり、なんらかの管理をしている場合が多いものです。しかし、相続人は現地の事情を知らないが故に、放置しがちになります。

これが近隣トラブルの原因となります。

建物は、使用せず管理がされていないと急速に老朽化します。老朽化が進んだ結果、周囲に重大な危険を及ぼすような事故が後を絶ちません。また、空地に自転車が乗り捨てられていたり、処分に費用のかかる電化製品が不法投棄されたりといったことも起こります。不法投棄は、一つあるとそれをきっかけにどんどん増えていきます。

所有する不動産が、地域の景観、環境の悪化の原因になることがあるのです。

こういったトラブルが及ぼす怖さの一つとして、重大な事故が急に起こるということがあります。

老朽化した建物が、地震や台風などにより倒壊したり、屋根瓦や建材が飛ばされたりすることで、重大事故に発展することは非常に多くあります。

実際に起こったケースとして、空家に車が突っ込み、逃げられたという例がありました。犯人は見つからず、破損した建物は放置しておくわけにもいきません。泣き寝入りで後処理をすることになってしまいました。

こういった事故は、所有者にとって寝耳に水の事態であっても、管理者としての責任を免れることはできません。

使わない家屋は解体しておけば事故のリスクは減ります。

需要がある土地であれば、解体したほうが売れやすくなる場合があります。

空家を解体すると、固定資産税が高くなるので難しい判断になりますが、大きな事故に発展する危険がある場合は対策すべきです。

その反面、需要がなく処分が難しい不動産はあります。

その場合でも、トラブルのリスクを下げる管理はしておくべきです。倒壊や剥落などの危険があるものは取り除き、建物の清掃や除草などは最低限行いたいものです。特に、気温や湿気が上がる5月から8月は状況を確認しておきたいところです。

草刈りやハウスクリーニングは、しかるべき対価を支払い、近隣の方に頼む方法もあります。近隣の皆さんとの信頼関係を作ることも、トラブル防止には重要なことです。

⑭諸費用と仲介手数料

不動産を購入する際には、売買代金が5、000万円だから5、000万円だけ用意すれば良いかというと、そうではありません。売主へ支払う売買代金以外にも、実は結構な項目と金額の支払いがあります。

契約時、現金で用意する諸費用等

✓手付金 …………売買代金の5％から10％。売買代金の一部として売主へ支払い。

✓印紙代 …………契約書に貼付する印紙

✓仲介手数料 ………半金を求められることがあります

残代金支払い時、必要になる諸費用等

✓売買代金全額 ……売主へ支払い

✓固定資産税、都市計画税の清算金 ……売主へ支払い

✓登記費用 …………所有権移転や抵当権設定等

✓仲介手数料 ………全額もしくは残額

✓金融機関の事務手数料 ……借入をする場合

✓**印紙代**　…………**金銭消費貸借契約書に貼付**
✓**保証料**　…………**金銭消費貸借契約時**
✓**火災保険料**　………**別途**

この固定資産税、都市計画税の清算金は、年税額を引き渡し日において日割り計算し清算します。

この他にも、登記の有無や有償、無償にかかわらず、売買、交換や贈与、新築等により土地や家屋を取得した人、すべてに不動産取得税が課税されます。

取引を終えて一安心し日常を送り始めた頃、手元に通知が届きます。概ね３か月から６か月後が多いようですが、１年近く経ってから届いたという話も聞きます。都税事務所や各県税事務所が、調査が必要、と判断した場合には、少し時間がかかってしまうようです。

この不動産取得税は、契約時に必要な経費ではないので見落としがちなうえ、不動産を取得した時に一回だけ負担する税金ということもあり、あまり認知されていません。

そして届いた納付書を見ると、登記費用と負けないくらいの結構な金額です。不動産会社から諸費用の一覧などをもらう際には、見積もってもらい、引き渡し後も計画的に残しておかなくてはいけません。

不動産取得税には大きく二つの軽減措置があります。

✓**土地については、宅地であること**
✓**建物については、新築であること**

まず宅地の場合、課税標準が半分になります。宅地なので、商業ビルの用地などは対象になりません。

そして新築の場合、課税標準額から1、200万円が控除できます。こちらも商業ビルなどは対象にならず、住宅用の賃貸マンションには適用されます。しかし、どちらも取得の時期において再度確認することと、軽減するためには要件があります。

不動産を売買する際には契約書を締結します。そして売主、買主は各々保管するものに印紙を貼付する必要があります。

契約金額によって印紙代も変わり、現時点では軽減税率が適用されています。取引が多い価格帯の1千万円から5億円まででは、1万円から6万円です。

これらを少しでも節約したい場合には、契約書を売主、買主互いに一枚ずつではなく、双方で一枚作成し、片方が原本を、もう片方がその写しを保管する、といった方法があります。

不動産業者はビジネスとして不動産を売買しているので一通契約で取引することが多いです。一般消費者における念願の自宅購入のような場合には契約書が記念品にもなりますが、ビジネスでは書類の一つです。

不動産業者は写しを保管できれば問題がないので、原本を保管する相手方に印紙代を負担してもらうか、売買契約書の条項に則り、一枚分の印紙代を折半します。これだけで数万円の印紙代が、ゼロもしくは半分まで削減できます。

不動産会社を通じて、不動産を購入もしくは売却する際には、仲介手数料がかかります。消費税は別として、宅建業法では、

✓２００万円以下……………………取引額の５％
✓２００万円を超え４００万円以下…………取引額の４％＋２万円
✓４００万円超…………………………取引額の３％＋６万円

を上限としています。

都内を中心に流通している不動産の金額は、ほとんどが４００万円以上になります。不動産会社へ仲介手数料を聞くと、「売買価格の３％と６０、０００円、そして消費税になります。」と言われる、この「６０、０００円」は、これらに基づいた速算式です。

契約時に半金、引き渡し時に残りの半金。取引額が大きければ大きいほど、仲介手数料は大きくなるので、契約時の半金も結構な負担となります。支払いが、引き渡し時に一括となるだけで、その負担は多少軽くなります。

それでは、なぜ半金を請求されるのでしょうか。そもそも売買契約は諾成契約なので、契約時には成立しています。それでも引き渡しまでは何が起こるか分かりません。

そのため、住宅ローンの否決や解除条件の不成就による解約等の契約条項以外による売主、

買主の一方的な解除の場合、基本的に不動産会社は仲介手数料を請求できることができます。

自分が違約解約する場合、相手方に違約金を支払い、なおかつ仲介手数料も支払わなければいけない。もしくは、相手が違約解約する場合、相手方から違約金をもらうけれど、その違約金の中から仲介手数料を支払わなければいけません。いずれにしても、不動産会社は全額の支払いを求めることとなります。

売主も買主も、いざ違約解約となった時、解約になってまでなぜ仲介手数料を払わないといけないのかと考えます。そのため、契約時に半金を受け取って保全し、解約になった時の請求金額を少なくしたいという意図もあります。

解約前提で契約する人はいないと思いますが、これらを考慮すると、契約時には違約金の金額も慎重に判断しましょう。

不動産の所有権を移転する場合、借入をして抵当権を設定する場合、これらに際しても登記費用がかかります。そして司法書士へ依頼する際には、報酬が発生します。

この登記についてですが、司法書士でなくても、誰でも申請することはできます。司法書士へ頼まないので、登記費用が登録免許税だけで済み、費用が抑えられます。ただし、個人で登記所へ持ち込む場合、次の4点には十分に気を付けなくてはいけません。

✓書類が不足していないか

✓偽造などの詐欺に遭っていないか

✓**売主が大切な書類を預けてくれるか**
✓**借入をしないか**

踏まえて、これらを一括してお任せするのが司法書士です。この登記費用は、一見のお客様がそれほど大きく圧縮することは困難です。しかし登記費用に上限がありませんので、悪意をもって割高に設定することもできてしまいます。

仲介会社から登記費用の見積もりを一枚もらい、安いのか高いのか分からない、そんな時にはセカンドオピニオンが必要かもしれません。

⑮査定書と購入申込書

不動産売却の際、不動産業者が価格を提示するための書類として、査定書と購入申込書があります。これはいわば、売れるかもしれない価格と、確実に売れる金額の違いです。

これら二つを混同している例が見られます。理想通りの不動産の売却を実現するためには、この二つの書類の違いを知っておきましょう。

査定書に記載されているのは、その物件に似た物件の取引状況から、売れるであろう価格です。それに対し、購入申込書は「この価格で買いたい」という意思を示す書類です。その価格に同意すれば売買が成立するわけなので、購入申込書に記載されている金額は、その金額により売却できることが確実です。

例えば仲介会社から1億1千万円の査定がされ、不動産業者から8、500万円の購入申込み書があった場合、査定した金額では売れるかどうかは分かりません。結果的に、1億円や9、000万円で妥結することもあるでしょう。しかし、8、500万円は合意すればすぐに手に入ります。

時間と資金に余裕があれば高値を模索するのもよいですが、早く確実な換金や取引の安全性の面では、購入申し込みの金額に早期決断することにも大きなメリットがあります。

自身の希望に合わせ、手段を検討する必要があります。

仲介会社は査定を行いますが、自社で買うわけではないので買い取り金額の提示はあまり行いません。そして査定では、媒介契約として委任を受けるため根拠が強いとはいえない価額を提示することもあります。また不動産を購入売却する買い取り業者は、契約書の作成ができても、仲介会社としての目線で査定書を作ることができないところがほとんどです。

不動産の売却方法としては大きく二つ、

✓仲介会社を通して一般消費者向けに売る方法

✓不動産業者に購入してもらう方法

があります。

そのうち、業者に直接売る方法のメリットは、すぐに換金できること、プロへの売却であるため瑕疵担保などの免責を受けられ安心感があることなどがあります。

しかし、売主の不安点として、一般消費者への売却より一般的に価格が低くなるという点があるのではないでしょうか。不当に安い金額を提示しているのではないか、との疑いがあるのが本音でしょう。

ここで不動産業者の購入価格の決定方法について解説します。

不動産業者が不動産の買い取りを行う目的は、ほとんどが一般消費者へ転売し、利益を得ることです。しかし、買い取る時点ではいくらで売却できるか分かりません。

例えば、地域の同程度の物件の市場価格などから、１億円で売れるだろうという予測があるとします。この売れる可能性のある価格、つまりは引き合いがある上限価格は1億1千万援くらいといった若干の幅があります。

通常、不動産業者が購入する際は、先の例では平均的な査定価格とみられる1億円を基準として、そこから経費を差し引き、一定の利益を考慮して購入価格を決定します。

経費には、仲介手数料や登記費用、不動産の状況によっては、売却前に測量や解体、購入後には建築や改築などの費用が含まれます。

最終的な一般消費者の価格には幅がありますので、当然、高く売れることもあります。その場合には、利益が大きくなりますし、想定した価格では売れず利益が小さくなることもあります。

不動産業者を選ぶ際は、買い取り価格が高いところを探すことになるでしょう。

買い取り価格は、売主にとって確実に手に入る金額なので、複数の業者に打診し、最も大きな額を提示する会社を選ぶべきです。ただし、不動産の購入を行う業者は、仲介会社と同様多数存在します。比較する対象が多い中、不動産業者選びのポイントとなるのが、購入価格が導き出されたプロセスの透明性です。

再販価格からの逆算で、どのような金額が差し引かれているのか、業者の利益も含め内訳を提示してくれるところ、そうした説明があると価格の理解がしやすく安心します。

著者プロフィール

永長 淳（えいなが あつし）

株式会社EINZ（アインズ）代表取締役。1978年、北海道帯広市出身。大学卒業後、東証一部大手不動産仲介会社に入社。23区を中心として、全国の土地・戸建、収益不動産の仲介を行う。10年勤務後、不動産売買に関する専門知識を深めるため転職。東京・横浜の任意売却・相続・清算等の難解な案件や、底地・借地権・共有持分・未接道等の複雑なものを、自社で購入後、加工して販売する。2012年不動産会社を設立し独立。個人・法人の相談や、弁護士・税理士・司法書士など士業からの案件まで、幅広く対応しサービスを提供している。

EINZ公式WEBサイト　https://einz.co.jp/
不動産相続SOS　https://不動産相続.jp/
共有不動産SOS　https://共有不動産.jp/
EINZ Facebook　https://www.facebook.com/einz.einz.einz/

トラブル不動産SOS
〝売れない〟を〝売れる〟に変えるノウハウ

発行日　2020年4月20日
著　者　永長 淳
発行者　橋詰 守
発行所　株式会社 ロギカ書房
〒101-0052
東京都千代田区神田小川町2丁目8番地
進盛ビル303号
Tel　03（5244）5143
Fax　03（5244）5144
http://logicashobo.co.jp/
印刷・製本　モリモト印刷株式会社

定価はカバーに表示してあります。
乱丁・落丁のものはお取り替え致します。

978-4-909090-39-3　C2034